AF191395

Chris Hohlstamm von Dehnen
zu Wendhausen

Im Licht deiner Seele

Heilung finden
Hoffnung leben
Stärke entfalten

Bibliografische Information der Deutschen Nationalbibliothek:
Die Deutsche Nationalbibliothek verzeichnet diese Publikation in der Deutschen Nationalbibliografie; detaillierte bibliografische Daten sind im Internet über http://dnb.dnb.de abrufbar.

Ausgabe: 1. Auflage 01.2025

Lektorat: Dr.-Ing. B. Grabe, Chris Hohlstamm von Dehnen z. W.
Korrektorat: Dr.-Ing. B. Grabe, Mein Lebensfreudeverlag
Verlag: BoD · Books on Demand GmbH, In de Tarpen 42, 22848 Norderstedt
Druck: Libri Plureos GmbH, Friedensallee 273, 22763 Hamburg
ISBN: 978-3-7693-2002-2

Inhaltsverzeichnis

Vorwort: Der Weg durch die Täler zum Gipfel

Wenn ich heute auf mein Leben zurückblicke, sehe ich kein geradliniges Bild, keine durchgehende Erfolgsgeschichte. Was ich sehe, ist ein Mosaik aus Schmerz, Hoffnung, Kämpfen und Transformation – ein Leben voller Brüche und Wiederaufbau, voller Dunkelheit und Licht. Ich sehe die Narben, die ich trage, und ich sehe die Weisheit, die sie mir geschenkt haben. Doch vor allem sehe ich die Reise, die mich zu dem Menschen gemacht hat, der ich heute bin.

Heute bin ich Therapeut, Begleiter und Menschenfreund. Ich arbeite mit Menschen, die auf der Suche sind – nach Heilung, nach Antworten, nach sich selbst. Ich unterstütze sie dabei, ihre eigenen Wunden zu betrachten und in ihnen die Kraft zu finden, die sie weiterbringt. Doch diese Arbeit ist nicht aus einem Lehrbuch entstanden. Sie ist das Ergebnis meines eigenen Lebenswegs, der mich an die tiefsten Abgründe geführt hat, bevor ich lernte, wie man den Weg hinausfindet.

Doch dieser Weg war alles andere als einfach. Es gab Zeiten, in denen ich mich verloren fühlte, in denen ich glaubte, dass es keinen Ausweg gibt. Zeiten, in denen ich vom Leben zurückgeworfen wurde, gerade, als ich dachte, ich hätte endlich Fuß gefasst. Vielleicht kennst du solche Momente auch – diese Augenblicke, in denen der Schmerz so überwältigend ist, dass man glaubt, man könne ihn nicht überstehen. Doch ich möchte dir sagen: Du kannst. Und mehr noch: Du kannst aus diesem Schmerz eine Quelle der Kraft machen, die dich weiterträgt, als du es dir jemals vorstellen kannst.

Ein Leben voller Herausforderungen

Mein Leben begann in einem Umfeld, das auf den ersten Blick stabil wirkte. Als Sohn eines Pfarrers wuchs ich in einer kleinen Gemeinschaft auf, in der Regeln und Erwartungen das Leben bestimmten. Doch hinter der Fassade von Harmonie und Ordnung fühlte ich mich oft isoliert und unverstanden. Meine Sensibilität und meine Fragen passten nicht in das starre Gefüge dieser Welt, und schon früh erlebte ich, wie es ist, ausgeschlossen zu werden.

Die Jahre der Kindheit und Jugend waren geprägt von Mobbing, von Ablehnung, von dem ständigen Gefühl, nicht dazuzugehören. Worte und Blicke hinterließen Wunden, die tiefer gingen, als ich damals verstand. Ich trug diesen Schmerz mit mir, oft schweigend, oft versteckt, doch er formte mich. Er wurde zu einem Teil von mir, zu einem Schatten, der mich lange begleitete.

Doch genau in diesem Schatten lag der Samen für etwas Größeres. Es dauerte Jahre, bis ich das erkennen konnte, doch heute weiß ich: Der Schmerz, der uns zerstören will, kann auch unser größter Lehrmeister werden. Er zeigt uns, wo wir verletzlich sind, wo wir wachsen können, wo wir uns selbst begegnen müssen. Und wenn wir den Mut finden, ihm ins Gesicht zu sehen, zeigt er uns auch den Weg hinaus.

Der Wendepunkt

Der Wendepunkt in meinem Leben kam nicht plötzlich. Es war kein einzelner Moment der Erleuchtung, sondern eine Reihe von kleinen Schritten, die mich langsam, aber sicher in eine neue Richtung führten. Einer dieser Schritte war die Begegnung mit der Weisheit des Ostens – mit dem Buddhismus, mit den Lehren von Mitgefühl und Achtsamkeit, mit der Idee, dass Leiden transformiert werden kann.

Ich begann, mich mit diesen Konzepten auseinanderzusetzen, zunächst zögerlich, dann immer intensiver. Sie gaben mir eine Sprache für das, was ich fühlte, und eine Perspektive, die mir Hoffnung machte. Ich begann zu meditieren, mich in Stille zurückzuziehen und meine eigenen Gedanken zu beobachten. Es war, als würde ich zum ersten Mal einen klaren Blick auf mich selbst werfen – nicht auf die Person, die ich sein sollte, sondern auf die Person, die ich war.

Doch das war nur der Anfang. Der eigentliche Durchbruch kam, als ich erkannte, dass mein Schmerz nicht nur etwas war, das ich ertragen musste. Er war eine Botschaft, ein Wegweiser. Er forderte mich auf, genauer hinzusehen, tiefer zu gehen und herauszufinden, wer ich wirklich war.

Der Schmerz als Lehrmeister

Es gibt eine Erkenntnis, die mein Leben verändert hat: Der Schmerz, vor dem wir so oft weglaufen, ist nicht unser Feind. Er ist ein Lehrer. Er zeigt uns, wo wir noch wachsen können, wo wir uns selbst noch nicht vollständig angenommen haben, wo wir noch Heilung brauchen. Doch um diese Lektionen zu lernen, müssen wir bereit sein, uns dem Schmerz zu stellen – ihn nicht zu verdrängen, sondern ihn als Teil unseres Lebens zu akzeptieren.

Ich begann, meinen eigenen Schmerz auf diese Weise zu betrachten. Es war ein schmerzhafter Prozess, der viel Mut erforderte. Doch je mehr ich mich mit meinen eigenen Wunden auseinandersetzte, desto mehr begann ich, die Weisheit in ihnen zu sehen. Sie waren nicht nur ein Zeichen von Schwäche oder Scheitern. Sie waren ein Beweis dafür, dass ich gelebt hatte, dass ich geliebt hatte, dass ich mich geöffnet hatte.

Diese Erkenntnis hat nicht nur mein eigenes Leben verändert, sondern auch meine Arbeit als Therapeut geprägt. Heute unterstütze ich Menschen dabei, ihren eigenen Schmerz auf diese Weise zu sehen – nicht als etwas, das sie zerstört, sondern als etwas, das sie wachsen lässt.

Eine Reise, die nie endet

Auch heute, nach all den Jahren, bin ich noch immer auf der Reise. Es gibt immer noch Herausforderungen, immer noch Momente der Unsicherheit. Doch ich habe gelernt, dass das Leben kein Ziel ist, das wir erreichen müssen. Es ist ein Weg, den wir jeden Tag aufs Neue gehen – mit all seinen Höhen und Tiefen, mit all seiner Schönheit und seinem Schmerz.

Diese Reise hat mich gelehrt, dass wir nicht perfekt sein müssen, um wertvoll zu sein. Wir dürfen Fehler machen, wir dürfen scheitern, wir dürfen zweifeln. Was zählt, ist, dass wir immer wieder aufstehen, dass wir den Mut finden, weiterzugehen, und dass wir uns selbst und andere mit Mitgefühl betrachten.

Ich teile meine Geschichte mit dir, nicht weil sie außergewöhnlich ist, sondern weil sie menschlich ist. Sie ist eine Erinnerung daran, dass wir alle unsere Kämpfe haben, dass wir alle unsere Wunden tragen – und dass wir alle die Kraft haben, aus diesen Wunden etwas Schönes zu schaffen.

Eine Einladung

Dieses Buch ist mehr als eine Geschichte. Es ist eine Einladung – an dich, an uns alle. Es ist eine Einladung, deinen eigenen Schmerz zu betrachten, deine eigenen Wunden zu heilen und dein eigenes Licht zu entdecken. Es ist eine Erinnerung daran, dass du nicht allein bist, dass dein Schmerz einen Sinn hat und dass du die Kraft hast, dein Leben zu verändern.

Ich hoffe, dass diese Seiten dich inspirieren, deinen eigenen Weg zu gehen – mit all seinen Herausforderungen und all seinen Möglichkeiten. Denn ich glaube fest daran, dass in jedem von uns eine Kraft liegt, die größer ist, als wir es uns vorstellen können. Eine Kraft, die uns nicht nur heilt, sondern uns auch erlaubt, ein Licht für andere zu sein.

Danke, dass du mich auf dieser Reise begleitest. Möge dieses Buch dir Hoffnung geben, dich stärken und dich daran erinnern, dass du genug bist – genauso, wie du bist.

Mit diesen Gedanken beginnt die Geschichte. Sie ist meine Geschichte, doch ich hoffe, dass du in ihr auch ein Stück deiner eigenen findest. Denn am Ende sind wir alle auf der gleichen Reise – der Reise zu uns selbst, zur Heilung, zur Hoffnung.

Chris Honlstamm von Dehnen zu Wendhausen

Shari Namaya Bodhisattva

Kapitel 1: Kindheit im Schatten

Ich wurde in eine Welt geboren, die von Erwartungen und Strenge geprägt war. Als Sohn eines Pfarrers wuchs ich in einer kleinen, konservativen Gemeinde auf, in der jeder jeden kannte und jede Abweichung vom „Normalen" sofort bemerkt wurde. Mein Vater war ein hochgeachteter Mann, ein Vorbild für viele. Doch für mich war er oft unerreichbar – seine Zeit war geteilt zwischen seiner Berufung und den Bedürfnissen der Gemeinde.

Schon früh spürte ich, dass ich anders war. Ich war ein nachdenkliches, sensibles Kind, das lieber las und Fragen stellte, anstatt sich in den lauten, oft grausamen Spielen der anderen Kinder zu verlieren. Doch genau diese Andersartigkeit machte mich zum Ziel. Was als harmlose Neckereien begann, wurde bald zu systematischem Mobbing. Auf dem Schulhof, in der Kirche, sogar in meinem eigenen Zuhause fühlte ich mich isoliert.

Die Worte „Du bist nichts wert" schienen wie unsichtbare Tattoos auf meiner Seele. Ich erinnere mich an die Pausen auf dem Schulhof, wenn die anderen Kinder sich in Gruppen zusammenfanden und mich bewusst ausschlossen. Das Schweigen und die abwertenden Blicke taten oft mehr weh als die Worte. Ich fühlte mich wie ein Fremder in meinem eigenen Leben, als hätte ich keinen Platz in dieser Welt.

Kapitel 2: Die Last der Erwartungen

Zuhause war der Druck nicht weniger intensiv. Meine Familie erwartete stillschweigend von mir, dass ich möglichst unauffällig war und mich auch so verhalte – für meine Geschwister, für die Gemeinde, für alle. Doch wie konnte ich unauffällig sein, wenn man mich in die gehasste Schablone des Pfarrerssohnes presste, mit der ich selbst keinen Halt fand? Die Konflikte zwischen uns waren oft, wenn nicht sogar IMMER unausgesprochen, aber dennoch präsent. Gerade die Weltanschauung meiner Mutter war geprägt von Durchsetzungswillen, Kampf und Pflichtbewusstsein, Strenge und Gehorsam, während ich nach einem anderen Weg suchte – einem, der meine Fragen und Zweifel erlaubte und dauerhaft Frieden generiert.

Diese Zeit der dauerhaften und stillen Konflikte hinterließ tiefe Narben. Ich begann, an meinem eigenen Wert zu zweifeln. War ich zu schwach? Zu sensibel? Zu wenig für diese Welt? War ich es nicht wert geliebt zu werden?? Es gab Momente, in denen ich das Licht am Ende des Tunnels nicht sehen konnte. Doch tief in mir spürte ich eine leise, beharrliche Stimme, die flüsterte: „Das ist nicht alles. Es gibt mehr. Kämpfe und klammere dich an die Hoffnung!"

Kapitel 3: Die Suche nach Antworten

Als Teenager begann ich, nach Antworten zu suchen. Bücher wurden meine Zuflucht – sie waren meine Lehrer, meine Begleiter, meine Welt jenseits der Realität. Besonders die Lehren des Buddhismus faszinierten mich. Die Idee, dass Schmerz transformiert werden kann, dass Mitgefühl und innerer Frieden möglich sind, berührte etwas in mir, das ich noch nicht ganz verstand.

Ich begann zu meditieren, zunächst heimlich. Die Stille war sowohl beängstigend als auch heilsam. In ihr fand ich etwas, das mir gefehlt hatte: Einen Raum, in dem ich sein durfte, ohne bewertet oder verurteilt zu werden. Ich begann zu verstehen, dass der Schmerz, den ich fühlte, nicht das Ende sein musste. Vielleicht war er der Anfang von etwas Neuem. Auf der anderen Seite wurden in diesem Raum der Stille die Stimmen der Selbstzweifel so extrem laut, dass sie sich für mich im wahrsten Sinne unerträglich anfühlten, und so begann ich auf Dauer diesen unerträglichen Raum der Stille mit lauten Stimmen zu füllen, damit ich diesen leisen lauten schlimmen Stimmen nicht mehr hören musste!

Doch diese Erkenntnisse waren keine dauerhafte Lösung und auch kein sofortiger heilender Wendepunkt. Es war ein langer, mühsamer Prozess, in dem ich lernen musste, meinen eigenen Wert zu erkennen – unabhängig davon, was andere von mir hielten und unabhängig von den inneren Stimmen, von denen ich auch überhaupt nicht wusste, welche Stimmen das überhaupt waren, meine eigenen echten, oder Stimmen von Fremden, oder Stimmen der Illusion(?). So war jeder Schritt ein kleiner Sieg, doch der Weg blieb steinig.

Kapitel 4: Der Moment der Weihe

Ein Schlüsselmoment in meinem Leben war meine Begegnung mit verschiedenen buddhistischen Lehrern, die mir den Weg des Mitgefühls, des Bodhisattva erklärten, wenn auch noch nicht direkt, aber Schritt für Schritt und durch viele, viele Blumen. Ein Bodhisattva ist jemand, der nicht nur nach eigener Erleuchtung strebt, sondern sein Leben dem Wohl anderer widmet. Diese Idee war in meinem späteren Leben wie ein Lichtstrahl, in meiner so lange dunklen Welt. Sie gab meinem Schmerz einen Sinn. Wenn ich all das durchgemacht hatte, dann vielleicht, um anderen zu helfen, ihren eigenen Weg und wirkliche und echte Heilung zu finden.

In jungen Jahren hätte ich mir es niemals träumen lassen, dass ich viele Jahre später vom Dalai Lama selbst einmal geweiht werden würde. In diesem Moment der Weihe und auch gerade in der Zeit danach, fühlte ich eine tiefe Verbindung zu etwas Größerem. Es war, als würde mein Leben eine neue Richtung bekommen – nicht als Flucht vor meinem Schmerz, sondern als bewusste Entscheidung, ihn zu nutzen, um anderen zu dienen.

Kapitel 5: Die Berufung

Ich begann intensiver und extrem liebevoller als Coach und ganzheitlicher Therapeut zu arbeiten, wenn ich das überhaupt so benennen kann. Mein Weg, meine Seminare und Begegnungen mit Menschen, die ebenso wie ich im Leben einen tiefen Schmerz erfahren hatten, wurde zu einer Zeit, in der ich Menschen helfen konnte, ihre Masken fallen zu lassen, sich ihrem Schmerz zu stellen und zu ihrem wahrhaften Sein und Lebenssinn zu finden. Mehr als oft sah ich in ihren Geschichten ein Spiegelbild meiner eigenen. Das machte es mir leicht, sie zu verstehen, mit ihnen zu fühlen und sie auf ihrem Weg zu begleiten.

In den über 30 Jahren meiner beruflichen wie auch privaten Lebens-Praxis habe ich gelernt, dass Heilung immer in der Begegnung beginnt – mit sich selbst, mit anderen, mit dem Leben. Ich lehrte, wie wichtig es ist, alte Verletzungen nicht zu verdrängen, sondern sie mit Mitgefühl und Verständnis anzusehen. Denn genau darin liegt der Schlüssel zur Transformation: im Annehmen dessen, was ist.

Kapitel 6: Eine Einladung zur Menschlichkeit – Der Weg aus der Dunkelheit

Heute weiß ich, dass meine Geschichte nicht einzigartig ist – im Gegenteil. Ich habe im Laufe meines Lebens erkannt, dass viele Menschen ähnliche Wunden tragen, auch wenn sie unterschiedlich aussehen mögen.

Es gibt kaum jemanden, der nicht irgendwann in seinem Leben mit Ablehnung, Schmerz oder Verlust konfrontiert wurde. Doch was uns unterscheidet, ist der Umgang damit: Lassen wir uns brechen oder nutzen wir diese Erfahrungen als Antrieb für Wachstum?

Ich habe mich für Letzteres entschieden. Aber dieser Weg war alles andere als leicht. Es gab viele Momente, in denen ich hätte aufgeben können – und vielleicht sogar wollen. Doch in diesen Momenten kehrte ich immer wieder zu einer zentralen Frage zurück: Was bedeutet es, Mensch zu sein? Was bedeutet es, am Leben zu sein?

Diese Frage war es, die mich schließlich zur Arbeit mit anderen führte. Als ich begann, als Therapeut zu arbeiten, wurde mir klar, dass ich nicht nur für mich selbst kämpfte. In jedem Klienten sah ich ein Stück von mir selbst – die Verzweiflung, die Hoffnung, den Wunsch nach Heilung. Und jedes Mal, wenn ich jemanden auf seinem Weg begleiten durfte, wurde auch ein Teil von mir geheilt.

Kapitel 7: Die Praxis des Mitgefühls

Eines der zentralen Themen meiner Arbeit – und meines Lebens – ist Mitgefühl. Doch Mitgefühl ist keine Schwäche, wie viele denken. Es ist eine Kraft, die uns erlaubt, uns selbst und andere wirklich zu sehen.

Es bedeutet, die Masken abzunehmen, die wir tragen, um stark oder perfekt zu wirken, und uns so zu akzeptieren, wie wir sind – mit all unseren Fehlern und Verletzungen.

Das war für mich eine der schwersten Lektionen: Mitgefühl für mich selbst zu entwickeln. Es ist leicht, anderen zu vergeben, sie zu verstehen und zu unterstützen. Aber sich selbst mit den gleichen Augen zu betrachten? Das erfordert Mut.

Ich habe gelernt, dass ich meine Vergangenheit nicht ausradieren muss, um Frieden mit ihr zu schließen. Stattdessen habe ich sie als Teil von mir angenommen – nicht als Last, sondern als Quelle von Stärke.

Kapitel 8: Heilung in der Begegnung

Wenn ich zurückblicke, sehe ich, dass Heilung nie isoliert geschieht. Es ist die Begegnung mit anderen, die uns heilt – sei es eine liebevolle Umarmung, ein Gespräch, in dem wir uns wirklich verstanden fühlen, oder das Teilen einer gemeinsamen Stille. Diese Begegnungen haben mein Leben verändert.

Ich erinnere mich an einen Klienten, der mit tiefer Scham und Schuldgefühlen zu mir kam. Er hatte das Gefühl, dass er in seinem Leben alles falsch gemacht hatte, und konnte sich selbst nicht vergeben. Doch in unseren Sitzungen erkannte er, dass er nicht allein war.

Seine Geschichte war nicht einzigartig – sie war menschlich. Und genau darin lag ihre Schönheit. Gemeinsam fanden wir einen Weg, die Scham loszulassen und einen neuen Blick auf sein Leben zu entwickeln.

Solche Momente sind es, die mich antreiben. Sie erinnern mich daran, warum ich diesen Weg gewählt habe und warum es sich lohnt, ihn jeden Tag aufs Neue zu gehen.

Kapitel 9: Der Bodhisattva-Weg im Alltag

Einer der wichtigsten Meilensteine meines Lebens waren die Begegnung mit meinem ersten Ausbilder Wolfgang, zum ganzheitlichen Therapeuten, mit meinem noch heutigen Ausbilder, Mentor und Freund Kurt Tepperwein zum Lebenslehrer, und die Weihe zum, Bodhisattva durch den Dalai Lama. Es waren nicht nur spirituelle Momente, sondern tiefe Herz-Verpflichtungen, mein Leben der Heilung und dem Wohl anderer zu widmen.

Doch diese Verpflichtungen bedeuten nicht, perfekt zu sein oder keine Fehler zu machen. Es bedeutet, immer wieder aufzustehen, auch wenn wir fallen. Es bedeutet, den Schmerz anderer zu sehen und ihnen die Hand zu reichen – nicht, weil wir stärker sind, sondern weil wir wissen, wie es sich anfühlt, schwach und/oder verletzt zu sein.

Der wahre Weg eines ganzheitlichen Therapeuten, und hiermit meine ich nicht nur die berufliche Ausübung, um Geld zu verdienen, und der Bodhisattva-Weg, ist kein glamouröser Pfad. Es ist ein Weg, der in den kleinen, alltäglichen Entscheidungen liegt: dem Lächeln für einen Fremden, dem Verständnis für jemanden, der uns verletzt hat, der Geduld mit uns selbst. Es ist ein Weg, der nie endet – und genau das macht ihn so wertvoll.

Kapitel 10: Eine Botschaft der Hoffnung

Wenn ich auf mein Leben zurückblicke, sehe ich nicht nur die Kämpfe und Schmerzen, sondern auch die Wunder, ganz viele Wunder und wenn ich genau hinschaue sogar richtig tolle, große und wunderbare Wunder. Ich sehe, wie aus Dunkelheit Licht werden kann, wird und wurde, wie aus Wunden Weisheit und Liebe, Freude und Glück entsteht/entstand. Und ich sehe, wie jeder von uns die Kraft hat, sein Leben zu verändern – selbst dann, wenn es unmöglich erscheint.

Mein Buch „Bodhisattva" ist eine Einladung an dich, diesen Weg mit mir zu gehen. Es ist ein Spiegel, der dir zeigt, dass du nicht allein bist, dass dein Schmerz nicht das Ende ist, sondern der Anfang von etwas Neuem. Es ist eine Erinnerung daran, dass Heilung möglich ist – für dich, für mich, für uns alle.

Das Leben ist ein Kampf, ja. Aber es ist auch ein Geschenk. Es fordert uns heraus, über uns selbst hinauszuwachsen, unsere Menschlichkeit zu entdecken und unser Licht mit der Welt zu teilen. Ich hoffe, meine Geschichte inspiriert dich, deinen eigenen Weg zu gehen – und vielleicht sogar, ein Licht für andere zu werden.

Kapitel 11: Schmerz als Lehrmeister

Ich habe lange gebraucht, um zu verstehen, dass Schmerz nicht unser Feind ist. In den Momenten, in denen ich tief gefallen bin, wollte ich diesen Schmerz oft einfach nur abschütteln oder weglaufen. Aber je mehr ich versuchte, ihn zu vermeiden, desto stärker hielt er mich fest. Der Wendepunkt kam, als ich begann, ihm zuzuhören.

Schmerz ist ein Lehrer – einer, den wir nicht mögen, aber der oft die wichtigsten Lektionen bereithält. Er zeigt uns, wo wir festhalten, wo wir alte Muster wiederholen, und wo wir uns selbst im Weg stehen. Er zwingt uns, ehrlich mit uns selbst zu sein und hinzuschauen, auch wenn es unangenehm ist.

Eine der wertvollsten Lektionen, die ich gelernt habe, ist, dass Schmerz nur dann mächtig bleibt, wenn wir ihn ignorieren. Sobald wir den Mut haben, ihm ins Gesicht zu sehen, verliert er seinen Schrecken. Das heißt nicht, dass er verschwindet – aber er wird zu etwas, das wir verstehen und mit dem wir arbeiten können.

Ich erinnere mich an einen Moment, der diese Erkenntnis für mich verkörperte. Es war ein einfacher Tag, an dem ich allein in meinem Zimmer saß und plötzlich von alten Erinnerungen überflutet wurde – Worte, Blicke, Situationen, die mich tief verletzt hatten. Früher hätte ich versucht, diese Gefühle zu verdrängen.

Doch an diesem Tag entschied ich mich, zu bleiben. Ich atmete tief ein und ließ alles da sein, den Schmerz, die Trauer, die Wut. Und inmitten dieser Dunkelheit fühlte ich etwas, das ich nicht erwartet hatte – Frieden. Nicht, weil der Schmerz weg war, sondern weil ich aufgehört hatte, gegen ihn zu kämpfen.

Kapite 12: Das Geschenk der Begegnung

Wenn ich auf die Menschen zurückblicke, die meinen Weg gekreuzt haben, sehe ich, dass sie alle – bewusst oder unbewusst – Lehrer für mich waren. Manche brachten mir bei, was es bedeutet, geliebt zu werden. Andere zeigten mir, wie es ist, verletzt zu werden. Doch jeder von ihnen hat mir geholfen, die Person zu werden, die ich heute bin.

Eine dieser Begegnungen war mit einem jungen Mann, der zu mir in die Therapie kam. Er war wütend, verzweifelt und fühlte sich völlig wertlos. Seine Geschichte ähnelte meiner – Mobbing, Ablehnung, das Gefühl, nie genug zu sein. Ich sah in seinen Augen denselben Schmerz, den ich in mir selbst so gut kannte. Doch genau deshalb konnte ich ihm helfen.

Wir arbeiteten wochenlang daran, die Mauern einzureißen, die er um sein Herz gebaut hatte. Es war ein Prozess voller Rückschläge, aber auch voller kleiner Siege. Und eines Tages sagte er zu mir: „Zum ersten Mal glaube ich, dass ich es wert bin, hier zu sein." In diesem Moment wusste ich, dass all meine eigenen Kämpfe einen Sinn hatten. Denn sie hatten mich darauf vorbereitet, diesen jungen Mann zu verstehen und ihm zu helfen, sich selbst zu sehen.

Kapitel 13: Der tägliche Kampf

Auch heute noch gibt es Tage, an denen der Kampf spürbar ist. Alte Wunden heilen nicht vollständig, und manchmal reicht ein Gedanke oder eine Erinnerung, um sie wieder aufleben zu lassen. Doch der Unterschied ist, dass ich jetzt Werkzeuge habe, um damit umzugehen.

Meditation ist eine dieser Methoden, die ich täglich praktiziere. Sie hilft mir, still zu werden, meine Gedanken zu beobachten und mich nicht von ihnen überwältigen zu lassen. Aber auch ganz einfache Rituale – ein Spaziergang in der Natur, das bewusste Genießen einer Tasse Tee – erinnern mich daran, dass das Leben aus kleinen, wertvollen Momenten besteht.

Ich habe gelernt, dass es nicht darum geht, den Schmerz zu besiegen oder ein perfektes Leben zu führen. Es geht darum, jeden Tag aufs Neue zu wählen, wie wir mit dem umgehen, was uns begegnet. Es geht darum, die Verantwortung für unser eigenes Glück zu übernehmen – auch wenn das bedeutet, schwierige Entscheidungen zu treffen oder alte Muster loszulassen.

Kapitel 14: Der Ruf nach Sinn

Eine der größten Fragen, die mich mein ganzes Leben begleitet hat, ist: „Warum bin ich hier?" Diese Frage hat mich oft gequält, besonders in den Zeiten, in denen ich mich verloren fühlte. Doch heute weiß ich, dass es nicht darauf ankommt, eine endgültige Antwort zu finden. Es geht darum, die Frage selbst zu leben.

Für mich liegt der Sinn darin, für andere da zu sein. Das heißt nicht, dass ich meine eigenen Bedürfnisse vernachlässige – im Gegenteil. Es bedeutet, dass ich meinen Schmerz und meine Erfahrungen nutze, um anderen zu zeigen, dass sie nicht allein sind. Es bedeutet, einen Raum zu schaffen, in dem Menschen sich gesehen und gehört fühlen.

Der Sinn ist keine festgelegte Destination. Er ist ein Weg, den wir jeden Tag gehen, mit jedem Schritt, den wir machen Und auf diesem Weg habe ich erkannt, dass selbst die schwierigsten Momente uns näher zu uns selbst bringen können.

Kapitel 15: Eine Vision für die Zukunft

Wenn ich in die Zukunft blicke, sehe ich keine perfekte Welt. Es wird immer Herausforderungen geben, immer Schmerz, immer Dunkelheit. Doch ich sehe auch Hoffnung. Ich sehe Menschen, die bereit sind, ihren eigenen Weg zu gehen, ihre eigenen Wunden zu heilen und ihr Licht mit der Welt zu teilen.

Mein Wunsch ist es, mit meiner Geschichte und meiner Arbeit dazu beizutragen, dass mehr Menschen den Mut finden, ihren eigenen Kampf anzunehmen. Denn ich glaube fest daran, dass in jedem von uns eine unglaublich(t)e Stärke liegt – eine Stärke, die nur darauf wartet, entdeckt zu werden.

Diese Geschichte ist nicht nur meine – sie gehört auch dir. Denn wir alle teilen die Erfahrung des Menschseins, mit all seinen Höhen und Tiefen. Mein Wunsch für dich ist, dass du erkennst, wie wertvoll du bist, wie viel du bewirken kannst und wie tief die Kraft in dir verwurzelt ist.

Das Leben ist ein Kampf, ja. Aber es ist auch eine Gelegenheit. Eine Gelegenheit, zu wachsen, zu lieben, zu lernen und das Beste von uns selbst zu entdecken. Ich hoffe, meine Geschichte inspiriert dich, deinen eigenen Weg zu gehen – mit Mut, Mitgefühl und der tiefen Gewissheit, dass du niemals allein bist.

Kapitel 16: Die Kraft des Loslassens

Eine der schwersten Lektionen, die ich lernen musste, war die Kunst des Loslassens. Oft halten wir an Dingen fest, die uns nicht mehr dienen – alten Überzeugungen, Beziehungen, Schuldgefühlen oder Ängsten. Wir klammern uns an sie, weil sie vertraut sind, auch wenn sie uns schaden. Für mich war das Loslassen ein Prozess, der Jahre dauerte, doch es war der Schlüssel, um inneren Frieden zu finden.

Ein Moment, der mir besonders in Erinnerung geblieben ist, war, als ich begann, die tiefe Wut loszulassen, die ich gegen meine Mobber und die Menschen hegte, die mich im Stich gelassen hatten. Diese Wut war so lange ein Teil von mir, dass ich nicht wusste, wer ich ohne sie sein würde. Doch ich erkannte, dass ich sie nicht mehr brauchte. Sie hielt mich gefangen und hinderte mich daran, weiterzugehen.

Das Loslassen begann nicht mit einem großen Akt der Vergebung, sondern mit kleinen Schritten. Ich begann, mir selbst zu vergeben – dafür, dass ich so lange wütend war, dafür, dass ich mich selbst nicht geschützt hatte. Mit der Zeit wurde diese Vergebung größer und weitete sich auf andere aus. Es war, als würde ich Stein für Stein eine schwere Last von meinen Schultern nehmen.

Loslassen bedeutet nicht, zu vergessen oder den Schmerz zu leugnen. Es bedeutet, ihn anzuerkennen und zu entscheiden, dass er dich nicht mehr definiert. Diese

Erkenntnis war für mich ein Wendepunkt, und sie ist eine der wichtigsten Lektionen, die ich auch heute an meine Klienten weitergebe.

Kapitel 17: Inspiration in der Dunkelheit

Es mag seltsam klingen, aber einige der inspirierendsten Momente meines Lebens haben sich in Zeiten der größten Dunkelheit ereignet. Diese Momente waren nicht immer angenehm, aber sie haben mich dazu gebracht, meine tiefsten Wahrheiten zu erkennen.

Ein solcher Moment war, als ich erkannte, dass ich selbst derjenige war, der mein Leben verändern musste. Niemand würde kommen, um mich zu retten. Niemand würde meine Vergangenheit ausradieren oder meinen Schmerz heilen. Diese Verantwortung war erschreckend, aber sie gab mir auch Kraft. Ich verstand, dass ich die Macht hatte, meine Geschichte neu zu schreiben.

In diesen Momenten der Dunkelheit fand ich auch eine Verbindung zu anderen, die mit ähnlichen Kämpfen rangen. Es war, als würden unsere Wunden uns zusammenbringen, uns ein tieferes Verständnis füreinander geben. Diese Verbindung war eine Quelle der Inspiration und eine Erinnerung daran, dass wir nicht allein sind.

Kapitel 18: Das Geschenk des Dienens

Eines der größten Geschenke meines Lebens war die Möglichkeit, anderen zu dienen. Als Therapeut und Begleiter habe ich gelernt, dass wir oft am meisten lernen, wenn wir anderen helfen. In jeder Sitzung, in jedem Gespräch habe ich nicht nur gegeben, sondern auch empfangen. Die Geschichten und Erfahrungen meiner Klienten haben mich gelehrt, wie vielfältig und doch ähnlich unsere Wege sind.

Ich erinnere mich an eine Frau, die zu mir kam, nachdem sie jahrelang mit Selbstzweifeln und Scham gekämpft hatte. Sie fühlte sich gefangen in ihrer Vergangenheit, unfähig, nach vorne zu schauen. Gemeinsam haben wir herausgefunden, dass der Schlüssel zu ihrer Heilung nicht darin lag, ihre Vergangenheit zu ändern, sondern sie zu akzeptieren. Diese Reise war für uns beide eine Lektion in Mut und Mitgefühl.

Solche Begegnungen haben mir gezeigt, dass das Leben nicht darum geht, perfekt zu sein, sondern darum, ehrlich zu sein – mit uns selbst und mit anderen. Es ist diese Ehrlichkeit, die Heilung ermöglicht.

Kapitel 19: Eine Brücke zwischen Welten

Im Laufe meines Lebens habe ich gelernt, dass wir oft Brücken zwischen verschiedenen Welten bauen müssen, um ganz zu werden. Für mich bedeutete das, eine Verbindung zwischen meiner spirituellen Reise und meiner menschlichen Erfahrung zu finden. Es war nicht immer einfach, diese beiden Aspekte zu vereinen, doch letztlich erkannte ich, dass sie untrennbar miteinander verbunden sind.

Der Bodhisattva-Weg hat mir geholfen, diese Brücke zu bauen. Er lehrt uns, dass Spiritualität nicht etwas ist, das wir abseits des Lebens praktizieren, sondern etwas, das sich in jedem Moment ausdrückt – in der Art, wie wir mit anderen umgehen, wie wir unsere Arbeit tun und wie wir uns selbst behandeln.

Diese Verbindung hat mein Leben bereichert und mir geholfen, ein tieferes Verständnis für mich selbst und die Welt um mich herum zu entwickeln. Sie ist ein zentraler Bestandteil meiner Arbeit und eine Botschaft, die ich mit anderen teilen möchte.

Kapitel 20: Dein Licht in die Welt bringen

Wenn ich eine Botschaft an dich weitergeben könnte, dann wäre es diese: Du hast ein Licht in dir, das die Welt braucht. Dieses Licht ist nicht abhängig von deinem Erfolg, deinem Status oder deinen Leistungen. Es ist einfach da – ein Ausdruck deiner Menschlichkeit.

Die Welt mag dir manchmal sagen, dass du nicht genug bist, dass du dich ändern musst, um wertvoll zu sein. Doch das ist eine Lüge. Du bist bereits genug, genau so, wie du bist. Dein Schmerz, deine Kämpfe und deine Erfahrungen machen dich nicht schwach – sie machen dich stark.

Es ist nicht immer leicht, dieses Licht zu sehen, besonders in Zeiten der Dunkelheit. Aber ich verspreche dir: Es ist da. Und wenn du bereit bist, dich ihm zuzuwenden, wirst du erstaunt sein, wie viel es bewirken kann – in deinem Leben und in der Welt um dich herum.

Meine Reise ist noch lange nicht vorbei. Es gibt immer noch Herausforderungen, noch immer Lektionen zu lernen. Doch ich gehe diesen Weg mit einem Herzen voller Dankbarkeit – für die Menschen, die mich begleitet haben, für die Schmerzen, die mich gelehrt haben, und für die Momente des Lichts, die mich inspiriert haben.

Mein Wunsch ist es, dass meine Geschichte dir Mut macht, deinen eigenen Weg zu gehen. Egal, wo du dich gerade befindest, egal, wie dunkel es scheint – es gibt im-

mer Hoffnung. Es gibt immer die Möglichkeit, neu anzu-
fangen, zu wachsen und dein Licht mit der Welt zu teilen.

Danke, dass du diese Reise mit mir geteilt hast. Jetzt ist
es an dir, deinen eigenen Weg zu finden – und ihn mit
Mut, Mitgefühl und Liebe zu gehen.

Kapitel 21: Wachstum durch Schmerz – Die verborgenen Geschenke

Eines der größten Geheimnisse, die ich auf meiner Re se entdeckt habe, ist, dass Schmerz oft unser größter Lehrer ist. Niemand sucht ihn bewusst, niemand wünscht ihn sich. Aber wenn er kommt – und er kommt irgendwann zu uns allen – hat er eine Botschaft. Diese Botschaft zu entschlüsseln ist keine leichte Aufgabe, aber sie ist der Schlüssel zu innerem Wachstum.

Für mich war der Schmerz meiner Kindheit und Jugend wie ein dunkler Schatten, der mich ständig begleitete. Lange Zeit habe ich versucht, ihn zu ignorieren, zu bekämpfen oder zu begraben. Doch je mehr ich dagegen ankämpfte, desto stärker wurde er. Erst als ich den Mut fand, ihn anzunehmen und mich ihm zu stellen, begann ich, die verborgenen Geschenke zu entdecken.

Der Schmerz hat mich gelehrt, anderen mit Mitgefühl zu begegnen, weil ich weiß, wie es sich anfühlt, allein zu sein. Er hat mir gezeigt, dass Stärke nicht darin liegt, unverwundbar zu sein, sondern darin, trotz Wunden weiterzugehen. Und er hat mir die Möglichkeit gegeben, andere auf ihrem Weg zu begleiten – nicht als jemand, der alle Antworten hat, sondern als jemand, der ihre Kämpfe versteht.

Heute glaube ich, dass Schmerz uns nicht zerstören will. Er fordert uns heraus, tiefer zu gehen, uns selbst zu erkennen und neue Wege zu finden. Er zeigt uns, was wirklich wichtig ist, und hilft uns, all das loszulassen, was uns nicht mehr dient. Dieses Geschenk ist nicht immer sofort sichtbar, aber es ist immer da – für diejenigen, die bereit sind, es anzunehmen.

Kapitel 22: Die Kraft der Entscheidung

Es gibt einen Moment in jeder Reise, in dem wir entscheiden müssen, wie wir weitermachen wollen. Für mich war einer dieser Momente, als ich erkannte, dass ich die Wahl hatte: Ich konnte weiterhin Opfer meiner Umstände sein, oder ich konnte die Verantwortung für mein Leben übernehmen.

Das klingt vielleicht einfach, aber es war einer der schwierigsten Schritte meines Lebens. Denn Verantwortung bedeutet, dass niemand anderes für mein Glück oder meinen Schmerz verantwortlich ist. Es bedeutet, dass ich die Kontrolle über mein Leben habe – und damit auch die Verantwortung für die Entscheidungen, die ich treffe.

Diese Erkenntnis war befreiend und beängstigend zugleich. Aber sie gab mir die Macht zurück, die ich so lange verloren geglaubt hatte. Ich begann, bewusster zu leben, meine Gedanken und Handlungen zu hinterfragen und zu entscheiden, wer ich sein wollte.

Heute weiß ich, dass diese Fähigkeit, Entscheidungen zu treffen, einer der wichtigsten Schlüssel zur Heilung ist. Wir können nicht immer kontrollieren, was uns passiert, aber wir können entscheiden, wie wir darauf reagieren. Und in dieser Entscheidung liegt unsere Freiheit.

Kapitel 23: Die Bedeutung von Verbindung

Eine der tiefsten Wahrheiten, die ich auf meiner Reise entdeckt habe, ist die Bedeutung von Verbindung. Wir sind keine isolierten Wesen – wir sind Teil eines größeren Ganzen. Unsere Beziehungen zu anderen, zur Natur und zu uns selbst sind die Grundlage für ein erfülltes Leben.

Als Kind und Jugendlicher fühlte ich mich oft abgeschnitten von der Welt um mich herum. Ich dachte, dass ich allein zurechtkommen müsste, dass ich niemanden brauchen dürfte. Doch mit der Zeit habe ich gelernt, dass Stärke nicht bedeutet, alles allein zu schaffen. Stärke bedeutet, sich zu öffnen, verletzlich zu sein und Verbindung zuzulassen.

In meiner Arbeit als Therapeut habe ich immer wieder gesehen, wie heilsam echte Verbindung sein kann. Wenn Menschen das Gefühl haben, gehört und gesehen zu werden, beginnt oft ein tiefer Heilungsprozess. Diese Verbindung beginnt mit uns selbst – indem wir lernen, uns so anzunehmen, wie wir sind – und weitet sich dann auf andere aus.

Verbindung bedeutet nicht, dass wir immer einer Meinung sein müssen oder dass alles perfekt sein muss. Es bedeutet, dass wir den Mut haben, echt zu sein, uns zu zeigen und den anderen so zu akzeptieren, wie er ist. Diese Art von Verbindung ist für mich der Kern von Heilung und Menschlichkeit.

Kapitel 24: Der Kreislauf von Geben und Empfangen

In meiner Arbeit und meinem Leben habe ich gelernt, dass Geben und Empfangen untrennbar miteinander verbunden sind. Wenn wir anderen helfen, helfen wir oft auch uns selbst. Und wenn wir bereit sind, Unterstützung anzunehmen, geben wir anderen die Möglichkeit, etwas von sich zu teilen.

Dieser Kreislauf war für mich eine der wichtigsten Lektionen. Lange Zeit dachte ich, dass ich nur dann wertvoll bin, wenn ich gebe. Doch mit der Zeit habe ich verstanden, dass Empfangen genauso wichtig ist. Es ist ein Ausdruck von Vertrauen und Dankbarkeit, der uns erlaubt, uns gegenseitig zu bereichern.

Ein Moment, der diese Wahrheit für mich verkörperte, war eine Sitzung mit einem Klienten, der mir nach unserer Arbeit sagte: „Sie haben mir geholfen, mich selbst zu sehen. Dafür bin ich Ihnen dankbar." In diesem Moment wurde mir klar, dass diese Dankbarkeit nicht nur ihm, sondern auch mir half. Sie erinnerte mich daran, warum ich diesen Weg gewählt hatte, und gab mir die Kraft, weiterzumachen.

Kapitel 25: Eine Reise ohne Ende

Wenn ich auf mein Leben zurückblicke, sehe ich keine geraden Linien oder klaren Wege. Es ist ein Mosaik aus Kämpfen, Wendungen, Höhen und Tiefen. Doch gerade diese Unvollkommenheit macht es so wertvoll. Ich bin nicht der Mensch, der ich vor Jahren war, und ich werde nicht der Mensch bleiben, der ich heute bin. Diese ständige Veränderung ist das Wesen des Lebens.

Meine Geschichte ist keine Geschichte von Perfektion oder Erfolg. Es ist eine Geschichte von Mut, von Wachstum und von der Suche nach Sinn. Und es ist eine Einladung an dich, deine eigene Geschichte zu schreiben – mit all ihren Höhen und Tiefen, mit all ihrem Schmerz und all ihrer Schönheit.

Das Leben ist ein Kampf, ja. Aber es ist auch eine Chance, über uns selbst hinauszuwachsen, Verbindung zu finden und unser Licht mit der Welt zu teilen. Ich danke dir, dass du mich auf dieser Reise begleitet hast, und ich hoffe, dass meine Geschichte dich inspiriert, deinen eigenen Weg zu gehen.

Kapitel 26: Lektionen der Natur

Die Natur war für mich immer ein Rückzugsort – ein Ort, an dem ich Ruhe finden und mich selbst neu entdecken konnte. Besonders in den schwierigen Zeiten meines Lebens habe ich gelernt, dass die Natur uns viel beibringen kann, wenn wir bereit sind, zuzuhören. Sie zeigt uns, dass alles Teil eines Kreislaufs ist, dass selbst nach den härtesten Stürmen wieder Wachstum entsteht.

Ich erinnere mich an einen Moment, als ich nach einem besonders anstrengenden Tag in meiner Praxis in einen nahegelegenen Wald ging. Die Bäume standen still, und doch war da eine lebendige Energie, die ich spüren konnte. Der Wind flüsterte durch die Blätter, und ich fühlte, wie mein eigener Atem ruhiger wurde. Es war, als würde die Natur mir sagen: „Alles ist in Ordnung. Du bist Teil von etwas Größerem."

Diese Erfahrung hat mir geholfen zu verstehen, dass Heilung nicht erzwungen werden kann. Sie geschieht, wenn wir uns erlauben, loszulassen und dem natürlichen Fluss des Lebens zu vertrauen. In der Natur gibt es keinen Widerstand gegen das, was ist – die Jahreszeiten kommen und gehen, und jede hat ihren eigenen Sinn. Diese Akzeptanz ist eine der größten Lektionen, die ich in meinem Leben gelernt habe.

Kapitel 27: Die Macht der Worte

Worte haben eine immense Macht – sie können uns aufbauen oder zerstören. In meiner Jugend waren es oft Worte, die mich verletzt haben. Sätze wie „Du bist nichts wert" oder „Du wirst es nie schaffen" haben sich in mein Gedächtnis eingebrannt und mein Selbstbild geprägt. Doch später habe ich gelernt, dass Worte auch heilen können.

In meiner Arbeit als Therapeut wähle ich meine Worte mit Bedacht. Ich weiß, dass ein einziger Satz den Blick eines Menschen auf sich selbst verändern kann. Ein ehrliches „Ich glaube an dich" oder „Du bist genug" kann Türen öffnen, die jahrelang verschlossen waren.

Worte sind auch ein mächtiges Werkzeug zur Selbstheilung. Ich habe begonnen, mit mir selbst anders zu sprechen – sanfter, liebevoller. Anstatt mich für meine Fehler zu verurteilen, habe ich gelernt, mich zu ermutigen. Diese Veränderung hat nicht nur mein Selbstbild transformiert, sondern auch die Art und Weise, wie ich mit anderen kommuniziere.

Kapitel 28: Herausforderungen als Wegweiser

Jede Herausforderung, der ich begegnet bin, hat mich etwas gelehrt. Manchmal war es Geduld, manchmal Resilienz, manchmal einfach die Fähigkeit, mit Ungewissheit zu leben. Doch eines haben sie alle gemeinsam: Sie haben mich wachsen lassen.

Ich erinnere mich an eine besonders schwierige Zeit in meiner Praxis, als ich das Gefühl hatte, meine Klienten nicht so unterstützen zu können, wie sie es brauchten.

Diese Zweifel nagten an mir und ließen mich an meinen Fähigkeiten zweifeln. Doch anstatt aufzugeben, nutzte ich diese Phase, um mich weiterzubilden, neue Methoden zu lernen und meinen Ansatz zu überdenken. Diese Krise wurde zu einem Wendepunkt – nicht nur in meiner Arbeit, sondern auch in meinem Vertrauen in mich selbst.

Herausforderungen sind unbequem, ja, aber sie sind auch Gelegenheiten. Sie zeigen uns, wo wir wachsen können, und geben uns die Möglichkeit, uns neu zu definieren. Heute sehe ich jede Herausforderung als einen Wegweiser, der mich näher zu mir selbst bringt.

Kapitel 29: Die Bedeutung von Dankbarkeit

Dankbarkeit ist ein Schlüssel zu einem erfüllten Leben. Doch sie ist nicht immer leicht, besonders wenn wir uns inmitten von Schmerz oder Schwierigkeiten befinden. Es gibt Tage, an denen es schwerfällt, etwas zu finden, wofür man dankbar sein kann. Doch gerade an diesen Tagen ist Dankbarkeit am wichtigsten.

Ich habe begonnen, jeden Tag bewusst nach etwas zu suchen, wofür ich dankbar sein kann – sei es ein warmes Lächeln, ein gutes Gespräch oder einfach der Umstand, dass ich am Leben bin. Diese Praxis hat mein Leben verändert. Sie hat mir gezeigt, dass selbst in den dunkelsten Momenten immer ein Lichtschein zu finden ist.

Dankbarkeit bedeutet nicht, die schwierigen Dinge im Leben zu ignorieren. Sie bedeutet, sie anzunehmen und trotzdem den Blick auf das Gute zu richten. Sie ist eine Erinnerung daran, dass das Leben trotz allem ein Geschenk ist.

Kapitel 30: Die Reise geht weiter

Wenn ich über mein Leben nachdenke, sehe ich es als eine Reise – eine, die niemals endet. Jeder Tag bringt neue Lektionen, neue Möglichkeiten, neue Herausforderungen. Und obwohl ich nicht weiß, wohin der Weg mich noch führen wird, gehe ich ihn mit Zuversicht und Offenheit.

Ich bin dankbar für alles, was ich erlebt habe – die guten und die schwierigen Zeiten. Denn sie haben mich zu dem Menschen gemacht, der ich heute bin. Und ich bin dankbar für die Menschen, die meinen Weg gekreuzt haben – für diejenigen, die mich inspiriert haben, und für diejenigen, die mich herausgefordert haben.

Diese Reise ist nicht nur meine. Sie gehört uns allen. Jeder von uns ist auf seinem eigenen Weg, mit seinen eigenen Kämpfen und seinen eigenen Siegen. Und jeder von uns hat die Möglichkeit, sein Licht in die Welt zu bringen.

Meine Geschichte ist nicht einzigartig. Sie ist eine von vielen – eine, die sich in unterschiedlicher Form in jedem von uns widerspiegelt. Sie ist eine Erinnerung daran, dass das Leben nicht perfekt sein muss, um bedeutsam zu sein. Dass Schmerz uns nicht zerstören muss, sondern uns stärker machen kann. Und dass jeder von uns die Kraft hat, seine eigene Geschichte neu zu schreiben.

Ich lade dich ein, deinen eigenen Weg zu gehen – mit Mut, mit Mitgefühl und mit der Gewissheit, dass du niemals allein bist. Das Leben ist ein Kampf, ja. Aber es ist auch eine Chance. Eine Chance, zu wachsen, zu lieben und dein Licht mit der Welt zu teilen.

Danke, dass du diese Reise mit mir geteilt hast. Jetzt ist es an dir, dein eigenes Kapitel zu schreiben.

Kapitel 31: Die innere Stimme

Wenn ich zurückblicke, frage ich mich manchmal, was mich in meinen dunkelsten Momenten dazu gebracht hat, weiterzugehen. Es war nicht immer Mut – oft fühlte ich mich schwach und verloren. Doch da war etwas, das immer wieder in mir aufstieg: eine leise, aber beharrliche innere Stimme. Sie flüsterte mir zu, dass es mehr geben musste, dass dies nicht das Ende war.

Diese innere Stimme war keine magische Lösung für meine Probleme. Sie war nicht laut oder überwältigend. Sie war subtil, fast unsichtbar – wie ein zartes Licht in der Ferne. Doch sie war da, selbst dann, wenn alles andere in meinem Leben auseinanderfiel. Sie war die Erinnerung daran, dass ich einen Wert hatte, auch wenn ich ihn nicht sehen konnte.

Im Laufe der Jahre habe ich gelernt, dieser Stimme mehr Raum zu geben. Sie ist heute ein wesentlicher Teil meiner Arbeit als Therapeut. Ich helfe meinen Klienten, ihre eigene innere Stimme wiederzufinden – jene Weisheit, die oft von Lärm, Zweifeln und Ängsten überdeckt w rd. Denn ich glaube, dass wir alle diese Stimme in uns tragen, auch wenn sie manchmal schwer zu hören ist.

Die innere Stimme ist kein Urteil oder eine Forderung. Sie ist ein sanfter Leitfaden, der uns daran erinnert, wer wir wirklich sind. Wenn wir lernen, ihr zuzuhören, können wir selbst in den schwierigsten Zeiten einen Weg finden.

Kapitel 32: Die Kunst der Vergebung

Vergebung war eines der schwierigsten Themen auf meinem Weg. Lange Zeit trug ich den Schmerz und die Wut über die Menschen mit mir, die mich gemobbt, zurückgewiesen oder verletzt hatten. Ich dachte, dass diese Wut mich schützen würde – dass sie mir die Kraft geben würde, weiterzukämpfen. Doch in Wirklichkeit hielt sie mich gefangen.

Der Moment, in dem ich erkannte, dass Vergebung nicht für die anderen, sondern für mich selbst war, veränderte alles. Vergebung bedeutete nicht, zu vergessen oder das Verhalten anderer zu entschuldigen. Es bedeutete, den Schmerz loszulassen, der mich daran hinderte, frei zu sein.

Ich begann, diesen Prozess langsam und behutsam anzugehen. Es war kein einfacher Weg. Es gab Rückschläge, Tage, an denen alte Wunden wieder aufbrachen. Doch mit der Zeit fühlte ich, wie sich eine Last von meinen Schultern löste. Ich konnte die Menschen, die mich verletzt hatten, sehen – nicht als Feinde, sondern als Menschen mit ihren eigenen Kämpfen und Unsicherheiten.

Vergebung ist keine Schwäche. Sie ist eine Form von Stärke, die uns erlaubt, uns von der Vergangenheit zu lösen und nach vorne zu schauen. Sie ist ein Geschenk, das wir uns selbst machen.

Kapitel 33: Die Kraft der Gemeinschaft

Lange Zeit dachte ich, dass ich alles allein schaffen müsste. Ich war überzeugt, dass es ein Zeichen von Schwäche wäre, um Hilfe zu bitten oder Unterstützung anzunehmen. Doch im Laufe meines Lebens habe ich gelernt, dass Gemeinschaft eine der stärksten Kräfte ist, die wir haben.

In Gemeinschaft finden wir Trost, Verständnis und Ermutigung. Wir erkennen, dass wir nicht allein sind und dass unsere Kämpfe Teil einer größeren menschlichen Erfahrung sind. Gemeinschaft gibt uns die Möglichkeit, zu teilen – unsere Geschichten, unsere Ängste, unsere Hoffnungen.

Ich erinnere mich an eine Gruppe von Menschen, die ich in einem Retreat kennengelernt habe. Jeder von uns hatte seine eigenen Herausforderungen und Verletzungen. Doch in der Zeit, die wir miteinander verbrachten, spürten wir eine tiefe Verbindung. Wir mussten nicht erklären oder rechtfertigen, was wir fühlten – wir wurden einfach gesehen und angenommen.

Diese Erfahrung hat mir gezeigt, wie wichtig es ist, Räume zu schaffen, in denen Menschen sich sicher und unterstützt fühlen. Diese Räume können unsere Heilung beschleunigen und uns helfen, die Kraft in uns selbst zu entdecken.

Kapitel 34: Die Lehren der Stille

In der Hektik des modernen Lebens ist Stille zu einem seltenen Gut geworden. Doch für mich war die Stille immer ein Ort der Zuflucht und der Heilung. In der Stille fand ich die Antworten, die ich anderswo nicht finden konnte. Sie gab mir die Möglichkeit, innezuhalten, zu reflektieren und mich mit meinem innersten Selbst zu verbinden.

Stille ist mehr als nur die Abwesenheit von Lärm. Sie ist ein Zustand des Seins, in dem wir uns erlauben, einfach zu sein. n der Stille können wir unsere Gedanken beobachten, ohne sie zu bewerten. Wir können unsere Gefühle spüren, ohne von ihnen überwältigt zu werden.

In meiner Praxis ermutige ich meine Klienten, die Stille zu suchen – sei es durch Meditation, einen Spaziergang in der Natur oder einfach ein paar Minuten bewussten Atems. Denn in der Stille finden wir die Klarheit und den Frieden, die wir oft verzweifelt im Außen suchen.

Kapitel 35: Deine eigene Reise

Am Ende ist mein Leben nur ein Beispiel – ein Mosaik aus Kämpfen, Erkenntnissen und Wachstumsprozessen. Jeder Mensch hat seine eigene Geschichte, seinen eigenen Weg. Doch ich glaube fest daran, dass wir alle die Kraft haben, unsere Geschichte zu gestalten.

Vielleicht stehst du gerade an einem Punkt in deinem Leben, an dem alles schwer und aussichtslos ersche nt. Vielleicht fühlst du dich verloren, unsicher oder allein. Wenn das so ist, möchte ich dir sagen: Du bist stärker, als du glaubst. In dir liegt eine unerschöpfliche Quelle von Weisheit, Mut und Mitgefühl. Du musst sie nur entdecken.

Meine Einladung an dich ist, deinen eigenen Weg zu gehen – mit all seinen Höhen und Tiefen. Erlaube dir, zu wachsen, zu lernen und dich selbst mit neuen Augen zu sehen. Und vergiss nicht: Du bist nicht allein. Es gibt Menschen, die deinen Weg kreuzen werden, die dich unterstützen und inspirieren. Und vielleicht wirst du auch ein Licht für jemanden sein.

Das Leben ist ein Kampf, ja. Aber es ist auch ein Abenteuer. Es ist eine Chance, unser Licht in die Welt zu bringen und etwas zu hinterlassen, das größer ist als wir selbst. Ich danke dir, dass du mich auf meiner Reise begleitet hast. Jetzt ist es Zeit, deine eigene zu beginnen.

Kapitel 36: Widerstandskraft entwickeln – Die Kunst des Aufstehens

Widerstandskraft, oft als Resilienz bezeichnet, ist eine Fähigkeit, die ich auf meinem Weg immer wieder trainieren musste. Sie ist nicht angeboren – zumindest nicht vollständig. Sie ist etwas, das wir durch unsere Erfahrungen entwickeln, durch die Art und Weise, wie wir mit Herausforderungen umgehen und sie letztlich als Chancen nutzen.

Ich habe viele Momente erlebt, in denen ich das Gefühl hatte, am Boden zu sein. Doch jedes Mal, wenn ich wieder aufgestanden bin, war ich ein kleines Stück stärker. Nicht, weil der Schmerz verschwunden war, sondern weil ich gelernt hatte, ihn zu tragen und mit ihm weiterzugehen.

Widerstandskraft bedeutet nicht, unverwundbar zu sein. Sie bedeutet, die Wunden anzuerkennen und trotzdem weiterzumachen. Es ist die Fähigkeit, nach einem Rückschlag wieder aufzustehen, nach einer Enttäuschung weiter zu träumen und nach einer Niederlage wieder zu kämpfen.

Eines der wertvollsten Werkzeuge, das mir geholfen hat, meine Resilienz zu stärken, ist die Selbstreflexion. In schwierigen Zeiten habe ich mir immer wieder Fragen gestellt: Was kann ich aus dieser Situation lernen? Was könnte der nächste kleine Schritt sein, den ich gehen kann? Diese Reflexion hat mir geholfen, mich nicht in meinem Schmerz zu verlieren, sondern ihn in eine Quelle der Kraft zu verwandeln.

Kapitel 37: Der Wert der Verletzlichkeit

Verletzlichkeit war für mich lange Zeit ein Tabuthema. In meiner Jugend hatte ich gelernt, meine Gefühle zu verstecken, um mich zu schützen. Ich wollte stark erscheinen, unberührbar – zumindest äußerlich. Doch innerlich fühlte ich mich oft zerbrechlich und allein.

Es hat viele Jahre gedauert, bis ich erkannte, dass wahre Stärke nicht darin liegt, unverwundbar zu sein, sondern darin, den Mut zu haben, verletzlich zu sein. Verletzlichkeit ist kein Zeichen von Schwäche. Sie ist ein Ausdruck von Authentizität und Menschlichkeit. Sie erlaubt uns, uns selbst und anderen ehrlich zu begegnen.

In meiner Arbeit als Therapeut habe ich immer wieder gesehen, wie heilend es sein kann, wenn Menschen den Mut finden, ihre Schutzmauern abzubauen. Sie entdecken, dass sie nicht allein sind, dass ihre Gefühle verstanden und geteilt werden können. Diese Momente der Verletzlichkeit schaffen eine tiefe Verbindung, die oft der Beginn eines Heilungsprozesses ist.

Auch in meinem eigenen Leben hat mich die Fähigkeit, verletzlich zu sein, befreit. Sie hat mir erlaubt, mich selbst anzunehmen, mit all meinen Stärken und Schwächen. Und sie hat meine Beziehungen zu anderen vertieft und bereichert.

Kapitel 38: Mut zur Veränderung

Veränderung ist eines der unvermeidlichen Gesetze des Lebens. Doch sie macht uns oft Angst. Wir klammern uns an das, was wir kennen, auch wenn es uns nicht glücklich macht, weil das Unbekannte unsicher erscheint.

Ich habe in meinem Leben viele Veränderungen durchlaufen – einige freiwillig, andere erzwungen. Jede von ihnen war mit Herausforderungen verbunden, doch sie haben mich auch wachsen lassen. Ich habe gelernt, dass Veränderung kein Feind ist. Sie ist ein natürlicher Teil des Lebens und oft eine Gelegenheit, uns selbst neu zu entdecken.

Mut zur Veränderung bedeutet nicht, keine Angst zu haben. Es bedeutet, die Angst zu spüren und trotzdem den nächsten Schritt zu machen. Es bedeutet, das Alte loszulassen, um Platz für das Neue zu schaffen.

Ich erinnere mich an eine Klientin, die jahrelang in einem Job feststeckte, der sie unglücklich machte. Sie hatte Angst, etwas Neues zu wagen, weil sie nicht wusste, ob es besser sein würde. Doch als sie schließlich den Mut fand, diesen Schritt zu gehen, entdeckte sie eine ganz neue Seite an sich selbst. Sie erkannte, dass sie mehr war als ihre Ängste – und dass Veränderung sie nicht zerstörte, sondern befreite.

Kapitel 39: Die Rolle der Intuition

Intuition ist eine leise, aber mächtige Kraft, die uns auf unserem Weg leitet. Sie ist nicht immer logisch oder erklärbar, doch sie kennt oft Wahrheiten, die unser Verstand nicht erfassen kann.

Ich habe in meinem Leben gelernt, meiner Intuition zu vertrauen – sei es in meiner Arbeit, in meinen Beziehungen oder bei wichtigen Entscheidungen. Oft ist sie wie ein inneres Flüstern, das mir sagt: „Das ist der richtige Weg" oder „Vorsicht, hier stimmt etwas nicht." Früher habe ich dieses Flüstern ignoriert, weil ich dachte, dass mein Verstand es besser wüsste. Doch mit der Zeit habe ich erkannt, dass meine Intuition oft recht hatte.

Intuition ist etwas, das wir alle haben, doch sie wird oft durch Lärm, Zweifel und Ängste überdeckt. Sie wiederzufinden, ist wie das Wiederentdecken einer alten, treuen Freundin. Sie führt uns zurück zu uns selbst und hilft uns, Entscheidungen zu treffen, die wirklich mit unserem Herzen übereinstimmen.

Kapitel 40: Ein Vermächtnis der Menschlichkeit

Wenn ich darüber nachdenke, was ich der Welt hinterlassen möchte, ist es kein materielles Erbe. Es ist die Botschaft, dass Menschlichkeit der Kern unseres Daseins ist. Es ist die Erinnerung daran, dass wir alle miteinander verbunden sind und dass jeder von uns die Kraft hat, etwas Positives zu bewirken.

Menschlichkeit bedeutet, sich selbst und andere mit Mitgefühl, Verständnis und Liebe zu begegnen. Sie bedeutet, uns gegenseitig zu unterstützen, statt uns zu bekämpfen. Sie bedeutet, unseren Schmerz in Stärke und unsere Wunden in Weisheit zu verwandeln.

Mein Wunsch ist es, dass meine Geschichte dich inspiriert, deinen eigenen Weg der Menschlichkeit zu gehen. Denn am Ende ist es nicht das, was wir besitzen, das zählt, sondern das, was wir geben. Es sind die kleinen Momente der Verbindung, die Freundlichkeit, die wir zeigen, und die Liebe, die wir teilen, die unser Leben und das Leben anderer bereichern.

Kapitel 41: Der Schlüssel zur Selbstakzeptanz

Selbstakzeptanz war für mich eine der schwierigsten und zugleich transformierendsten Lektionen meines Lebens. Lange Zeit hatte ich das Gefühl, dass ich mich ändern müsste, um akzeptiert zu werden – von anderen und auch vor mir selbst. Ich suchte ständig nach Bestätigung im Außen, glaubte, dass mein Wert davon abhängt, wie andere mich sehen.

Doch irgendwann stellte ich fest, dass diese Suche mich erschöpfte. Sie führte mich immer weiter weg von dem, was ich wirklich war. Der Moment, in dem ich begann, mich selbst anzunehmen – mit all meinen Stärken und Schwächen, all meinen Narben und Unsicherheiten – war der Beginn einer neuen Freiheit.

Selbstakzeptanz bedeutet nicht, sich mit seinen Schwächen abzufinden oder nicht weiter wachsen zu wollen. Sie bedeutet, sich selbst zu lieben, so wie man jetzt ist, während man sich gleichzeitig erlaubt, sich weiterzuentwickeln. Es ist eine Balance zwischen Mitgefühl und Ehrlichkeit, zwischen Sanftheit und der Bereitschaft, sich selbst herauszufordern.

In meiner Arbeit sehe ich oft, wie schwer es Menschen fällt, sich selbst zu akzeptieren. Viele von uns tragen alte Glaubenssätze mit sich herum – „Ich bin nicht gut genug", „Ich verdiene keine Liebe" – die uns davon abhalten, unser wahres Selbst zu erkennen. Doch ich habe auch gesehen, wie kraftvoll es sein kann, wenn jemand diese Sätze hinterfragt und sich erlaubt, sich selbst zu sehen, wie er wirklich ist: einzigartig, wertvoll und genug.

Kapitel 42: Das Geschenk der Achtsamkeit

Achtsamkeit hat mein Leben verändert. Sie hat mir geholfen, präsenter zu sein, die kleinen Momente des Lebens zu schätzen und mich nicht mehr in der Vergangenheit oder der Zukunft zu verlieren. Doch Achtsamkeit ist mehr als nur eine Technik – sie ist eine Lebensweise.

Ich erinnere mich an einen Moment, als ich in einem Park saß und einfach die Umgebung beobachtete: die Vögel, die zwitschernden Kinder, den Wind, der durch die Bäume strich. Es war nichts Besonderes, und doch fühlte ich mich so lebendig wie lange nicht mehr. In diesem Moment wurde mir klar, dass das Leben in den kleinen Dingen liegt, in den Augenblicken, die wir oft übersehen.

Achtsamkeit hat mir auch geholfen, mit schwierigen Gefühlen umzugehen. Anstatt sie zu verdrängen oder zu bekämpfen, lernte ich, sie zu beobachten – neugierig, ohne Urteil. Diese Praxis gab mir eine neue Freiheit und half mir, meine Emotionen besser zu verstehen.

Heute ist Achtsamkeit ein fester Bestandteil meiner Arbeit und meines Lebens. Sie erinnert mich daran, dass das Leben nicht etwas ist, das wir irgendwann erreichen müssen. Es ist hier, jetzt, in diesem Moment.

Kapitel 43: Die Bedeutung von Sinn

Wir alle suchen nach Sinn in unserem Leben. Für mich war diese Suche lange Zeit ein Kampf. Ich fragte mich, warum ich all die Schmerzen und Herausforderungen erleben musste, und suchte verzweifelt nach einer Antwort. Doch mit der Zeit wurde mir klar, dass Sinn nicht etwas ist, das wir finden. Es ist etwas, das wir schaffen.

Ich begann, meinem Leben einen Sinn zu geben, indem ich anderen half, ihren Weg zu finden. Diese Arbeit erfüllte mich auf eine Weise, die ich zuvor nicht gekannt hatte. Sie gab mir das Gefühl, Teil von etwas Größerem zu sein – etwas, das über mich selbst hinausgeht.

Sinn ist kein festgelegtes Ziel, das wir erreichen können. Er ist eine fortlaufende Reise, eine tägliche Entscheidung, das Leben mit Bedeutung zu füllen. Das können kleine Dinge sein – ein freundliches Wort, ein Moment der Stille, ein Akt der Freundlichkeit. Diese kleinen Dinge summieren sich zu etwas Größerem und geben unserem Leben eine Richtung.

Kapitel 44: Die Balance zwischen Geben und Empfangen

Eines der größten Missverständnisse in unserer Gesellschaft ist, dass Geben edler sei als Empfangen. Doch ich habe gelernt, dass beide gleichermaßen wichtig sind. Wenn wir nur geben und nie empfangen, erschöpfen wir uns. Wenn wir nur empfangen und nie geben, verlieren wir die Verbindung zu anderen.

In meiner Arbeit als Therapeut habe ich oft erlebt, wie Menschen, die gewohnt waren, alles für andere zu tun, Schwierigkeiten hatten, selbst Hilfe anzunehmen. Doch in dem Moment, in dem sie lernten, zu empfangen, spürten sie eine neue Leichtigkeit. Sie erkannten, dass Empfangen kein Zeichen von Schwäche ist, sondern ein Ausdruck von Vertrauen.

Ich selbst musste diese Lektion auf die harte Tour lernen. Es fiel mir lange schwer, Unterstützung anzunehmen, weil ich glaubte, dass ich alles allein schaffen musste. Doch als ich begann, Hilfe zuzulassen, fühlte ich, wie sich mein Leben veränderte. Es wurde weniger anstrengend, weniger isoliert. Ich spürte die Kraft der Gemeinschaft und die Tiefe der Verbindung, die durch das Geben und Empfangen entsteht.

Kapitel 45: Hoffnung als Anker

Hoffnung ist das, was uns weitermachen lässt, selbst in den dunkelsten Zeiten. Sie ist kein naiver Optimismus, sondern eine tiefe Überzeugung, dass selbst in der Dunkelheit ein Licht existiert – auch wenn wir es gerade nicht sehen können.

Es gab Zeiten in meinem Leben, in denen ich kaum Hoffnung hatte. Doch selbst dann war da ein kleiner Funke, der mich weitertrieb. Vielleicht war es die leise Stimme in mir, die sagte: „Das ist nicht das Ende." Dieser Funke wuchs, je mehr ich mich auf die kleinen Dinge konzentrierte, die gut waren – ein freundliches Lächeln, ein Sonnenaufgang, ein Moment des Friedens.

Hoffnung bedeutet nicht, dass alles perfekt wird. Sie bedeutet, dass wir die Kraft haben, weiterzumachen, egal, was passiert. Sie ist ein Anker, der uns stabil hält, selbst wenn die Stürme des Lebens toben.

Meine Reise ist meine eigene, aber sie ist auch eine Einladung an dich, deine eigene zu schreiben. Du bist der Autor deiner Geschichte, und du hast die Kraft, sie zu gestalten. Vielleicht gibt es Momente, in denen du dich verloren fühlst, in denen die Herausforderungen überwältigend erscheinen. Doch genau in diesen Momenten liegt das Potenzial für Wachstum, für Transformation, für etwas Neues.

Das Leben ist ein Kampf, ja. Aber es ist auch eine Chance – eine Chance, uns selbst zu entdecken, uns zu verbinden und unsere einzigartige Gabe mit der Welt zu teilen. Danke, dass du mich auf meiner Reise begleitet hast.

Jetzt ist es an der Zeit, deine eigene zu beginnen – mit Mut, Mitgefühl und der Gewissheit, dass du genug bist.

Kapitel 46: Die Stärke der Routinen

Ein stabiler Alltag kann uns in schwierigen Zeiten Halt geben. Ich habe gelernt, dass Routinen nicht nur Struktur schaffen, sondern auch Sicherheit und Beständigkeit in unser Leben bringen können. Sie helfen uns, auch dann weiterzumachen, wenn uns die Motivation fehlt.

In einer Phase meines Lebens, in der alles unsicher war und ich das Gefühl hatte, die Kontrolle zu verlieren, entdeckte ich die Kraft von kleinen, bewussten Ritualen. Der einfache Akt, jeden Morgen mit einer Meditation zu beginnen oder abends die Dinge aufzuschreiben, für die ich dankbar bin, gab mir ein Gefühl von Stabilität.

Routinen sind keine starren Regeln. Sie sind flexible Strukturen, die uns dabei unterstützen, uns selbst zu erden. Sie erinnern uns daran, dass wir in einer Welt voller Ungewissheit immer noch Entscheidungen treffen können.

Eine Routine ist mehr als nur eine Gewohnheit – sie ist ein Ausdruck von Selbstfürsorge und ein Versprechen an uns selbst, gut mit uns umzugehen.

Kapitel 47: Die Kunst, loszulassen

Es gibt Momente im Leben, in denen wir erkennen müssen, dass wir nicht alles kontrollieren können. Ich habe lange gebraucht, um das Loslassen zu lernen – alte Überzeugungen, vergangene Schmerzen und manchmal auch Menschen, die nicht mehr gut für mich waren. Loslassen bedeutet nicht, dass wir aufgeben. Es bedeutet, Platz zu schaffen für das, was kommen möchte.

Eine der schwierigsten Entscheidungen in meinem Leben war es, eine Beziehung zu beenden, die mich mehr verletzte als bereicherte. Ich hatte Angst vor der Einsamkeit, vor dem Unbekannten. Doch als ich endlich den Mut fand, loszulassen, fühlte ich eine Leichtigkeit, die ich lange nicht gekannt hatte. Es war, als hätte ich Raum geschaffen, um wieder zu atmen.

Loslassen erfordert Vertrauen – in uns selbst und in das Leben. Es bedeutet, sich auf den Fluss des Lebens einzulassen, anstatt krampfhaft festzuhalten. Es ist eine Übung in Demut und eine Einladung, uns für Neues zu öffnen.

Kapitel 48: Die Weisheit des Scheiterns

Scheitern ist eines der großen Tabus unserer Gesellschaft, und doch ist es ein unvermeidlicher Teil des Lebens. Ich habe oft gescheitert – in Beziehungen, in beruflichen Projekten, in meinen eigenen Erwartungen an mich selbst. Früher habe ich mich dafür geschämt. Doch mit der Zeit habe ich erkannt, dass Scheitern keine Niederlage ist. Es ist eine Lektion.

Ich erinnere mich an ein Projekt, das ich voller Begeisterung gestartet hatte und das letztlich scheiterte. Ich fühlte mich entmutigt und fragte mich, warum ich überhaupt versucht hatte, etwas zu verändern. Doch als ich zurückblickte, erkannte ich, dass dieses Scheitern mir wertvolle Einsichten geschenkt hatte – über mich selbst, über meine Stärken und darüber, was ich wirklich wollte.

Scheitern ist nicht das Gegenteil von Erfolg. Es ist ein Teil davon. Es zeigt uns, wo wir wachsen können und wo wir vielleicht einen neuen Weg einschlagen müssen. Die Weisheit des Scheiterns liegt darin, es nicht als Ende zu sehen, sondern als Anfang.

Kapitel 49: Liebe als treibende Kraft

Liebe ist das, was uns alle verbindet. Sie ist nicht nur in romantischen Beziehungen zu finden, sondern in jedem Akt der Freundlichkeit, in jedem Moment der Verbundenheit. Ich habe gelernt, dass Liebe nicht etwas ist, das wir nur empfangen, sondern etwas, das wir aktiv geben können – an uns selbst, an andere, an das Leben.

Es gab Zeiten, in denen ich mich von der Liebe abgeschnitten fühlte. Ich glaubte, dass ich sie nicht verdiene oder dass sie für mich unerreichbar ist. Doch je mehr ich lernte, mich selbst zu lieben, desto mehr öffnete sich mein Herz. Ich begann, die kleinen Akte der Liebe zu sehen, die mich umgaben – ein Lächeln, eine helfende Hand, ein freundliches Wort.

Liebe ist nicht immer einfach. Sie fordert uns heraus, verletzlich zu sein, uns selbst und andere anzunehmen, auch in ihrer Unvollkommenheit. Doch sie ist auch die stärkste Kraft, die wir haben. Sie ist der Motor des Lebens, das, was uns antreibt, was uns verbindet und was uns heilt.

Kapitel 50: Dein Licht in die Welt tragen

Mit jedem Schritt auf meinem Weg habe ich gelernt, dass wir alle ein Licht in uns tragen – ein einzigartiges, unverwechselbares Licht, das die Welt braucht. Dieses Licht mag manchmal schwach erscheinen, vielleicht sogar ganz erloschen. Doch es ist immer da, bereit, wieder zu leuchten.

Das Licht, das wir in uns tragen, ist nicht nur für uns selbst. Es ist ein Geschenk, das wir mit der Welt teilen können. In jedem Akt der Freundlichkeit, in jedem Moment des Mitgefühls tragen wir unser Licht in die Welt. Wir machen sie ein kleines Stück heller, ein kleines Stück besser.

Ich lade dich ein, dein eigenes Licht zu entdecken und es leuchten zu lassen. Es mag Tage geben, an denen es schwierig ist, es zu sehen. Doch ich verspreche dir: Es ist da. Und wenn du bereit bist, es zu teilen, wirst du nicht nur dein eigenes Leben bereichern, sondern auch das Leben derer, die dich umgeben.

Meine Geschichte ist nur ein kleiner Teil einer viel größeren Reise – der Reise, die wir alle gemeinsam unternehmen. Wir alle kämpfen, wir alle lernen, wir alle wachsen. Doch wir sind nie allein. Unsere Wege mögen unterschiedlich sein, doch sie kreuzen sich immer wieder, und in diesen Begegnungen liegt die Schönheit des Lebens.

Kapitel 51: Der Rhythmus des Lebens

Das Leben hat seinen eigenen Rhythmus – mal sanft wie eine Brise, mal stürmisch wie ein Orkan. Eine der schwierigsten Lektionen, die ich lernen musste, war, mich diesem natürlichen Fluss hinzugeben. Wir kämpfen oft gegen das, was ist, wollen die Kontrolle behalten und das Leben nach unseren Vorstellungen formen. Doch der Rhythmus des Lebens lässt sich nicht zwingen.

Ich erinnere mich an eine Zeit, in der ich alles unter Kontrolle haben wollte. Mein Tag war durchgetaktet, meine Ziele klar definiert. Doch je mehr ich versuchte, das Leben zu kontrollieren, desto mehr schien es sich meiner Kontrolle zu entziehen. Erst als ich begann, den Widerstand aufzugeben und mich dem Fluss hinzugeben, spürte ich eine neue Leichtigkeit.

Der Rhythmus des Lebens lehrt uns Geduld und Vertrauen. Es gibt Zeiten der Aktivität und Zeiten der Ruhe, Phasen des Wachstums und Phasen des Rückzugs. Jeder Rhythmus hat seinen Platz, und wenn wir lernen, uns darauf einzulassen, finden wir eine tiefere Harmonie – mit uns selbst und mit der Welt um uns herum.

Kapitel 52: Die Magie des Neubeginns

Neubeginne sind oft mit Angst und Unsicherheit verbunden, doch sie sind auch eine Quelle unendlicher Möglichkeiten. In meinem Leben gab es viele Momente, in denen ich neu anfangen musste – sei es nach einer Niederlage, einer Trennung oder einer schmerzhaften Erkenntnis. Jeder dieser Neubeginne war beängstigend, aber auch befreiend.

Ein Neubeginn ist wie ein leeres Blatt Papier. Er gibt uns die Chance, unsere Geschichte neu zu schreiben, alte Muster hinter uns zu lassen und neue Wege zu gehen.

Doch er erfordert auch Mut – den Mut, die Vergangenheit loszulassen und das Unbekannte zu umarmen.

Ich habe gelernt, dass Neubeginne nicht bedeuten, alles zu vergessen, was war. Sie bedeuten, das Beste aus der Vergangenheit mitzunehmen und es mit der Hoffnung und den Möglichkeiten der Zukunft zu verbinden. Sie sind kein Ende, sondern ein Anfang – eine Einladung, uns selbst und das Leben mit neuen Augen zu sehen.

Kapitel 53: Das Geschenk der Dankbarkeit

Dankbarkeit ist eine der stärksten Kräfte, die uns zur Verfügung stehen. Sie verändert nicht unbedingt die äußeren Umstände, doch sie verändert, wie wir sie wahrnehmen. Sie hilft uns, den Fokus auf das zu richten, was gut ist, anstatt uns von dem überwältigen zu lassen, was schwierig ist.

Ich erinnere mich an einen Tag, an dem alles schiefzugehen schien. Ich fühlte mich entmutigt und überfordert.

Doch statt mich in diesen Gefühlen zu verlieren, nahm ich mir einen Moment, um aufzuschreiben, wofür ich dankbar war. Es waren kleine Dinge – die Wärme einer Tasse Tee, das Lächeln eines Fremden, die Ruhe der Natur. Doch diese kleinen Dinge reichten aus, um meine Perspektive zu verändern.

Dankbarkeit ist eine Praxis, die wir kultivieren können. Sie erinnert uns daran, dass selbst in den schwierigsten Zeiten etwas Gutes zu finden ist. Sie ist ein Anker, der uns hilft, im Hier und Jetzt zu bleiben und das Leben mit offenen Armen zu empfangen.

Kapitel 54: Heilung als Reise

Heilung ist keine lineare Reise. Sie ist ein Prozess mit Höhen und Tiefen, Fortschritten und Rückschlägen. Es gibt Tage, an denen wir das Gefühl haben, voranzukommen, und Tage, an denen alte Wunden wieder aufbrechen. Doch jeder Schritt auf diesem Weg ist wertvoll.

Ich habe gelernt, dass Heilung nicht bedeutet, perfekt zu sein oder nie wieder Schmerz zu empfinden. Sie bedeutet, Frieden mit unserer Vergangenheit zu schließen und uns selbst mit all unseren Wunden anzunehmen. Sie ist eine Reise, die uns tiefer mit uns selbst verbindet und uns erlaubt, andere mit Mitgefühl zu sehen.

Ein zentraler Aspekt der Heilung ist die Geduld. Oft wollen wir, dass alles sofort besser wird. Doch wahre Heilung braucht Zeit. Sie geschieht in ihrem eigenen Tempo, und sie verlangt von uns, präsent und geduldig zu sein – mit uns selbst und mit dem Prozess.

Kapitel 55: Deine innere Weisheit entdecken

In jedem von uns liegt eine Quelle unendlicher Weisheit.

Diese Weisheit ist nicht etwas, das wir von außen erhalten – sie ist in uns angelegt. Doch oft wird sie von Ängsten, Zweifeln und äußeren Einflüssen überdeckt.

Ich habe gelernt, meiner inneren Weisheit zu vertrauen, besonders in Zeiten der Unsicherheit. Sie spricht oft leise, fast wie ein Flüstern, doch wenn wir lernen, ihr zuzuhören, führt sie uns auf den richtigen Weg. Sie ist die Stimme, die uns daran erinnert, wer wir wirklich sind, und die uns ermutigt, unseren eigenen Weg zu gehen.

Die Entdeckung dieser Weisheit ist ein lebenslanger Prozess. Sie erfordert Stille, Reflexion und die Bereitschaft, nach innen zu schauen. Doch je mehr wir uns mit dieser inneren Quelle verbinden, desto klarer wird unser Blick – auf uns selbst, auf andere und auf das Leben.

Kapitel 56: Gemeinsam sind wir stark

Eines der größten Geschenke des Lebens ist die Verbindung zu anderen. Wir sind nicht dafür gemacht, allein zu sein. Unsere Stärke liegt in unserer Fähigkeit, uns zu verbinden, uns gegenseitig zu unterstützen und voneinander zu lernen.

Ich habe immer wieder erfahren, wie heilsam Gemeinschaft sein kann. In den dunkelsten Zeiten meines Lebens waren es oft die Menschen um mich herum, die mir Hoffnung gaben. Ihre Worte, ihre Taten, manchmal einfach nur ihre Präsenz erinnerten mich daran, dass ich nicht allein war.

Gemeinschaft ist nicht immer perfekt. Es gibt Konflikte, Missverständnisse, Unterschiede. Doch genau in dieser Vielfalt liegt ihre Stärke. Sie gibt uns die Möglichkeit, zu wachsen, uns selbst zu reflektieren und die Welt durch die Augen anderer zu sehen.

Diese Reise, die ich mit dir geteilt habe, ist noch nicht zu Ende – weder meine noch deine. Das Leben ist ein ständiges Werden, ein Tanz zwischen Licht und Dunkelheit, zwischen Herausforderung und Wachstum. Jeder von uns ist Teil dieses Tanzes, und jeder von uns hat die Kraft, ihn auf seine eigene Weise zu gestalten.

Kapitel 57: Die Kunst des Mitgefühls

Mitgefühl ist eine der tiefsten und kraftvollsten Qualitäten, die wir entwickeln können. Es ist nicht nur ein Gefühl, sondern eine aktive Entscheidung, die Welt – und uns selbst – mit einem offenen Herzen zu betrachten. Mitgefühl bedeutet, die Kämpfe anderer zu sehen, ohne sie zu beurteilen, und gleichzeitig unsere eigene Menschlichkeit anzunehmen.

Für mich war es eine lange Reise, Mitgefühl für mich selbst zu entwickeln. Ich war mein größter Kritiker, ständig mit mir im Unfrieden, weil ich glaubte, nicht genug zu sein. Doch je mehr ich lernte, mich selbst mit den Augen des Mitgefühls zu sehen, desto mehr begann ich, auch andere mit Verständnis zu betrachten.

Mitgefühl ist kein Zeichen von Schwäche. Es erfordert Mut, die Verletzungen anderer und unsere eigenen anzuerkennen, ohne uns davor zu verschließen.

Es ist eine Einladung, uns mit der Welt zu verbinden und gleichzeitig Raum für Heilung zu schaffen. In meiner Arbeit und meinem Leben habe ich erfahren, dass Mitgefühl oft der erste Schritt ist, um Barrieren abzubauen und echte Verbindung zu ermöglichen.

Kapitel 58: Krisen als Wendepunkte

Es gibt Momente im Leben, die alles verändern – Momente, in denen wir das Gefühl haben, dass der Boden unter unseren Füßen weggezogen wird. Diese Krisen sind oft schmerzhaft und beängstigend, doch sie bergen auch das Potenzial, uns auf eine tiefere Ebene des Verstehens und des Wachstums zu führen.

Ich erinnere mich an eine Zeit, in der alles zusammenzubrechen schien. Eine persönliche Krise zwang mich, mein Leben neu zu betrachten und Fragen zu stellen, die ich lange vermieden hatte.

Was wollte ich wirklich?

Wer war ich hinter all den Rollen, die ich spielte?

Diese Krise war nicht leicht, doch sie brachte Klarheit und eine neue Richtung.

Krisen sind wie Brüche im Stoff unseres Lebens. Sie reißen uns aus unserer Komfortzone und fordern uns heraus, uns selbst neu zu definieren. Doch genau in diesen Momenten liegt die Chance, unser wahres Potenzial zu entdecken und die Weichen für ein authentischeres Leben zu stellen.

Kapitel 59: Die Kraft der Vision

Eine Vision zu haben, gibt unserem Leben Richtung und Sinn. Sie ist wie ein Kompass, der uns durch die Stürme des Lebens leitet. Doch eine Vision ist nicht nur ein Ziel. Sie ist eine Einladung, größer zu träumen und das Beste in uns selbst und anderen zu sehen.

Meine Vision hat sich im Laufe meines Lebens immer wieder verändert. Früher drehte sie sich um persönliche Ziele – Erfolg, Anerkennung, Sicherheit. Doch je mehr ich lernte, desto klarer wurde mir, dass meine wahre Vision darin lag, anderen zu helfen, ihre eigene Stärke zu entdecken.

Eine Vision zu haben, bedeutet nicht, dass wir den gesamten Weg im Voraus kennen. Es bedeutet, den nächsten Schritt zu sehen und ihn mit Vertrauen zu gehen. Sie gibt uns die Kraft, weiterzumachen, auch wenn der Weg schwierig wird, und sie erinnert uns daran, warum wir überhaupt begonnen haben.

Kapitel 60: Der Schatz der Stille

In der hektischen Welt, in der wir leben, ist Stille ein seltenes Gut. Doch in der Stille liegt eine tiefe Weisheit, die uns helfen kann, uns selbst und das Leben besser zu verstehen. Sie ist nicht leer – sie ist voller Möglichkeiten.

Ich habe viele wertvolle Einsichten in Momenten der Stille gefunden. Diese Momente erlaubten mir, meinen Geist zu klären, meine Gedanken zu ordnen und mich mit meinem inneren Selbst zu verbinden. Sie gaben mir Raum, um nachzudenken, zu träumen und mich selbst wiederzufinden.

Stille ist nicht nur das Fehlen von Lärm. Sie ist ein Zustand des Seins, in dem wir präsent und wachsam sind. Sie erlaubt uns, uns von den Ablenkungen des Alltags zu lösen und die Dinge zu sehen, wie sie wirklich sind. In der Stille können wir unsere Wahrheit hören und uns mit der Essenz des Lebens verbinden.

Kapitel 61: Heilung in der Gemeinschaft

Wir heilen selten allein. Oft sind es die Menschen um uns herum, die uns den Mut geben, unsere Wunden anzusehen und uns selbst zu begegnen. Gemeinschaft ist ein kraftvolles Mittel der Heilung, weil sie uns daran erinnert, dass wir nicht allein sind.

Ich habe Gemeinschaft in vielen Formen erlebt – in Freundschaften, in therapeutischen Gruppen, in stillen Momenten des Teilens. Diese Verbindungen halfen mir, mich selbst besser zu verstehen und die Welt mit anderen Augen zu sehen. Sie gaben mir die Kraft, weiterzugehen, selbst in den schwierigsten Zeiten.

Heilung in der Gemeinschaft bedeutet nicht, dass andere unsere Probleme lösen. Es bedeutet, dass wir gemeinsam den Raum schaffen, in dem Heilung möglich ist. Es ist eine Erinnerung daran, dass wir Teil von etwas Größerem sind – einer menschlichen Familie, die durch ihre Kämpfe und ihre Hoffnung verbunden ist.

Kapitel 62: Dein Licht leuchtet weiter

Am Ende jeder Reise steht die Erkenntnis, dass wir selbst das Licht sind, das wir gesucht haben. Dieses Licht mag durch die Herausforderungen des Lebens manchmal gedimmt werden, doch es erlischt nie. Es wartet nur darauf, wieder entdeckt und in die Welt getragen zu werden.

Ich habe gelernt, dass unser Licht nicht perfekt sein muss, um zu leuchten. Es ist in unserer Verletzlichkeit, in unserer Menschlichkeit, in unserem Mitgefühl für uns selbst und andere. Dieses Licht ist einzigartig – es ist dein Geschenk an die Welt.

Meine Hoffnung ist, dass meine Geschichte dir geholfen hat, dein eigenes Licht zu sehen. Möge es dich leiten, möge es dich ermutigen, und mögest du es mit anderen teilen.

Denn wenn wir unser Licht leuchten lassen, inspirieren wir auch andere, dasselbe zu tun. Gemeinsam können wir die Welt ein kleines bisschen heller machen.

Kapitel 63: Die Kraft der Reflexion

Reflexion ist ein oft unterschätztes Werkzeug auf unserem Weg der Heilung und des Wachstums. Sie gibt uns die Möglichkeit, innezuhalten und zu betrachten, wie weit wir gekommen sind, welche Lektionen wir gelernt haben und welche Muster uns noch immer begleiten. Für mich wurde die Reflexion zu einem festen Bestandteil meines Lebens, besonders in den Momenten, in denen ich das Gefühl hatte, festzustecken.

Es begann mit kleinen Dingen – dem Aufschreiben meiner Gedanken in einem Tagebuch, dem bewussten Nachdenken über Entscheidungen, die ich getroffen hatte, oder der Frage: „Was hat diese Erfahrung mir beigebracht?" Mit der Zeit wurde die Reflexion zu einer Brücke zwischen meiner Vergangenheit und meiner Gegenwart. Sie half mir, die Wunden der Vergangenheit in Weisheit zu verwandeln und meine Ziele klarer zu sehen.

Ich ermutige dich, dir regelmäßig Zeit für Reflexion zu nehmen. Sie muss nicht kompliziert sein. Vielleicht sind es nur ein paar Minuten am Ende des Tages, in denen du dir die Frage stellst: „

Was hat mir heute Freude bereitet?

Was kann ich morgen anders machen?" Diese einfache Praxis kann eine kraftvolle Veränderung bewirken, weil sie dich immer wieder mit deinem innersten Selbst verbindet.

Kapitel 64: Die Freiheit der Authentizität

Lange Zeit trug ich Masken – aus Angst, nicht akzeptiert zu werden, aus dem Wunsch, anderen zu gefallen. Doch diese Masken wurden mit der Zeit immer schwerer. Sie ließen mich fremd in meinem eigenen Leben fühlen. Der Moment, in dem ich begann, diese Masken abzulegen und authentisch zu sein, war einer der befreiendsten meines Lebens.

Authentizität bedeutet nicht, perfekt zu sein. Sie bedeutet, echt zu sein – mit all unseren Stärken und Schwächen, all unseren Ängsten und Hoffnungen. Sie ist ein Ausdruck von Mut, weil sie uns verletzlich macht. Doch genau in dieser Verletzlichkeit liegt unsere größte Stärke.

Als ich begann, mich selbst so zu zeigen, wie ich wirklich bin, veränderte sich nicht nur meine Beziehung zu mir selbst, sondern auch zu anderen. Menschen reagierten auf meine Ehrlichkeit mit Offenheit, und ich spürte eine tiefere Verbindung zu denen, die mich umgaben. Authentizität ist eine Einladung, das Leben in seiner vollen Tiefe zu erleben – ohne Angst vor Ablehnung, sondern mit der Freude, echt zu sein.

Kapitel 65: Die Schönheit des Unvollkommenen

Wir leben in einer Welt, die oft Perfektion verlangt – makellose Karrieren, perfekte Beziehungen, fehlerfreie Entscheidungen. Doch das Leben ist nicht perfekt, und das müssen wir auch nicht sein. Eine der wichtigsten Lektionen, die ich gelernt habe, ist, dass in der Unvollkommenheit eine besondere Schönheit liegt.

Es sind unsere Fehler, unsere Kämpfe, unsere Wunden, die uns menschlich machen. Sie erzählen Geschichten von Mut und Ausdauer, von Lernen und Wachsen. Sie sind kein Makel, sondern ein Beweis dafür, dass wir gelebt haben.

Ich erinnere mich an einen Moment, als ich eine wichtige Entscheidung traf und später erkannte, dass sie nicht die Beste war. Früher hätte ich mich dafür verurteilt. Doch an diesem Tag sah ich es anders. Ich erkannte, dass dieser Fehler eine wertvolle Lektion enthielt und mich näher zu dem brachte, was ich wirklich wollte.

Unvollkommenheit ist nicht das Ende – sie ist der Anfang von etwas Neuem.

Kapitel 66: Ein Leben voller Möglichkeiten

Das Leben ist voller Möglichkeiten, auch wenn wir sie nicht immer sehen. Oft sind es die kleinen Entscheidungen, die großen Veränderungen vorausgehen – ein neuer Gedanke, ein anderer Blickwinkel, ein kleiner Schritt in eine neue Richtung.

Ich erinnere mich an eine Zeit, in der ich das Gefühl hatte, festzustecken. Es schien, als gäbe es keinen Weg nach vorne. Doch dann machte ich eine kleine Veränderung – ich begann, jeden Morgen drei Dinge aufzuschreiben, für die ich dankbar war. Es war ein einfacher Akt, doch er öffnete mir die Augen für all die Möglichkeiten, die um mich herum existierten.

Das Leben gibt uns jeden Tag die Gelegenheit, neu zu beginnen, zu wachsen und unsere Träume zu verfolgen. Es mag Herausforderungen geben, doch in jeder Herausforderung liegt auch eine Chance. Wir müssen nur bereit sein, sie zu sehen und den Mut haben, sie zu ergreifen.

Kapitel 67: Das Vermächtnis der Hoffnung

Wenn ich darüber nachdenke, was ich der Welt hinterlassen möchte, ist es die Botschaft der Hoffnung. Hoffnung ist keine naive Vorstellung, dass alles perfekt wird. Sie ist die tiefe Überzeugung, dass wir die Kraft haben, weiterzugehen – selbst in den dunkelsten Zeiten.

Ich habe oft erlebt, wie Hoffnung mein Anker war, wenn alles andere ins Wanken geriet. Sie war nicht immer laut oder offensichtlich. Manchmal war sie nur ein leises Flüstern, ein kleiner Funke, der mich daran erinnerte, dass das Leben trotz allem lebenswert ist.

Hoffnung ist ein Geschenk, das wir uns selbst und anderen machen können. Sie ist ein Licht, das auch dann leuchtet, wenn die Dunkelheit übermächtig scheint. Mein Wunsch ist, dass meine Geschichte dir Hoffnung gibt – nicht, weil ich alles gemeistert habe, sondern weil ich weitergegangen bin. Und wenn ich es geschafft habe, dann kannst du es auch.

Kapitel 68: Die Stärke der kleinen Schritte

Wir neigen oft dazu, uns von der Größe unserer Ziele überwältigen zu lassen. Doch ich habe gelernt, dass es nicht die großen Sprünge sind, die uns voranbringen, sondern die kleinen Schritte, die wir jeden Tag gehen. Diese Schritte mögen unbedeutend erscheinen, doch sie haben eine transformative Kraft.

Ich erinnere mich an eine Zeit, in der ich das Gefühl hatte, mein Leben sei festgefahren. Ich wusste, dass ich Veränderungen brauchte, aber die Vorstellung, mein gesamtes Leben umzukrempeln, war überwältigend. Stattdessen begann ich, kleine Dinge zu ändern – früher aufzustehen, regelmäßig zu meditieren, bewusst Zeit für mich selbst zu nehmen. Diese kleinen Veränderungen summierten sich mit der Zeit zu einer großen Transformation.

Die Stärke der kleinen Schritte liegt in ihrer Beständigkeit. Sie zeigen uns, dass wir nicht alles auf einmal lösen müssen.

Wir müssen nur den nächsten Schritt machen, einen nach dem anderen. Und wenn wir das tun, werden wir überrascht sein, wie weit wir kommen können.

Kapitel 69: Heilung durch Kreativität

Kreativität ist eine der kraftvollsten Formen des Selbstausdrucks und der Heilung. Sie gibt uns die Möglichkeit, unsere inneren Gefühle und Gedanken auf eine Weise zu erkunden, die Worte oft nicht erreichen können. Malen, Schreiben, Musik oder auch einfach das Gestalten unseres Alltags – all das kann eine Form der Kreativität sein.

Für mich war das Schreiben eine der wichtigsten kreativen Ausdrucksformen. Es half mir, meine Gedanken zu ordnen, meine Gefühle zu verstehen und meine Erfahrungen zu reflektieren. Doch Kreativität ist nicht auf eine bestimmte Form beschränkt. Sie kann in jedem von uns anders aussehen.

Ich erinnere mich an einen Klienten, der nach einem Verlust mit Trauer kämpfte. Er begann, seine Emotionen durch das Malen auszudrücken. Es war nicht wichtig, ob die Bilder „gut" waren. Wichtig war, dass er einen Weg fand, seinen Schmerz zu verarbeiten.

Kreativität öffnet Türen zu unserem innersten Selbst und gibt uns die Freiheit, uns auszudrücken, ohne beurteilt zu werden.

Kapitel 70: Vertrauen als Fundament

Vertrauen ist das Fundament jeder Beziehung – zu uns selbst, zu anderen und zum Leben. Doch es ist auch eines der empfindlichsten Gefühle, besonders wenn es einmal gebrochen wurde. Ich habe erlebt, wie schwierig es sein kann, Vertrauen wieder aufzubauen, doch ich habe auch gesehen, wie heilend es ist.

Vertrauen beginnt mit kleinen Schritten. Es ist die Entscheidung, uns selbst und anderen eine neue Chance zu geben. Es ist das Bewusstsein, dass Verletzungen Teil des Lebens sind, doch dass sie uns nicht davon abhalten sollten, offen zu bleiben. Vertrauen ist kein einmaliger Akt – es ist eine Praxis, die wir jeden Tag üben können.

Ich habe gelernt, dass Vertrauen nicht bedeutet, blind zu sein. Es bedeutet, mutig zu sein. Es bedeutet, sich zu öffnen, selbst wenn die Möglichkeit besteht, verletzt zu werden. Denn ohne Vertrauen verpassen wir die Tiefe und die Schönheit, die das Leben zu bieten hat.

Kapitel 71: Dankbarkeit für die Herausforderungen

Es mag seltsam klingen, aber ich habe gelernt, dankbar für die Herausforderungen in meinem Leben zu sein. Sie waren oft schmerzhaft, doch sie haben mich zu dem Menschen gemacht, der ich heute bin. Sie haben mir gezeigt, wie stark ich sein kann, und mich gelehrt, das Leben mit anderen Augen zu sehen.

Ich erinnere mich an eine besonders schwierige Zeit, in der ich mit Enttäuschung und Verlust kämpfte. Damals konnte ich keinen Sinn in diesen Erfahrungen sehen.

Doch mit der Zeit wurde mir klar, dass sie mir geholfen hatten, tiefer in mich selbst zu blicken und eine Stärke zu finden, von der ich nicht wusste, dass sie in mir lag.

Dankbarkeit für Herausforderungen bedeutet nicht, den Schmerz zu ignorieren. Es bedeutet, ihn anzuerkennen und zu erkennen, dass selbst in den dunkelsten Momenten etwas Wertvolles verborgen sein kann. Es ist eine Einladung, das Leben in all seinen Facetten anzunehmen – das Gute, das Schlechte und alles dazwischen.

Kapitel 72: Die Einladung zur Selbstvergebung

Selbstvergebung ist eine der schwierigsten, aber auch kraftvollsten Formen der Heilung. Wir tragen oft eine schwere Last aus Schuld und Scham mit uns herum – für Dinge, die wir getan haben, oder für Dinge, die wir nicht getan haben. Doch diese Last hält uns davon ab, frei zu sein.

Ich habe gelernt, dass Selbstvergebung ein Akt der Liebe ist. Sie bedeutet nicht, dass wir unsere Fehler leugnen oder rechtfertigen. Sie bedeutet, dass wir uns selbst erlauben, aus ihnen zu lernen und weiterzugehen. Sie ist ein Ausdruck von Mitgefühl für uns selbst und die Erkenntnis, dass wir nicht perfekt sein müssen, um wertvoll zu sein.

Ein wichtiger Schritt in meiner eigenen Reise der Selbstvergebung war, mir bewusst zu machen, dass ich mein Bestes gegeben habe – auch wenn mein Bestes nicht immer genug war.

Diese Erkenntnis gab mir die Freiheit, mich selbst anzunehmen und mich auf das zu konzentrieren, was ich in der Gegenwart tun konnte.

Kapitel 73: Das Leben feiern

Am Ende des Tages geht es darum, das Leben zu feiern – nicht nur die großen Momente, sondern auch die kleinen, unscheinbaren Augenblicke. Es geht darum, das Gute zu sehen, selbst wenn es verborgen ist, und die Schönheit in der Einfachheit zu finden.

Ich erinnere mich an einen Abend, an dem ich alleine in meinem Garten saß und den Sonnenuntergang beobachtete. Es war kein außergewöhnlicher Moment, doch er erfüllte mich mit einem tiefen Gefühl von Frieden und Freude. Solche Momente sind es, die das Leben reich machen – die Augenblicke, in denen wir einfach da sind und das Leben so nehmen, wie es ist.

Das Leben zu feiern, bedeutet nicht, dass alles perfekt sein muss. Es bedeutet, präsent zu sein, dankbar zu sein und die kleinen Wunder zu schätzen, die uns jeden Tag begegnen.

Es ist eine Einladung, das Leben in seiner ganzen Fülle zu umarmen – mit all seinen Höhen und Tiefen, all seiner Schönheit und seinen Herausforderungen.

Kapitel 74: Die Weisheit der Veränderung

Veränderung ist die einzige Konstante im Leben, und doch widerstehen wir ihr oft. Wir klammern uns an das Vertraute, weil es uns Sicherheit gibt, auch wenn es uns manchmal nicht mehr dient. Doch in der Veränderung liegt eine tiefe Weisheit – sie erinnert uns daran, dass das Leben ein Fluss ist, der niemals stillsteht.

Ich habe in meinem Leben gelernt, dass Veränderung nicht immer angenehm ist. Sie fordert uns heraus, uns von alten Mustern, Überzeugungen oder sogar Beziehungen zu lösen. Doch sie gibt uns auch die Chance, uns neu zu entdecken. Jede Veränderung, die ich erlebt habe, hat mir etwas beigebracht – sei es über mich selbst, über andere oder über das Leben.

Eine der größten Lektionen war, dass Veränderung oft mit Loslassen beginnt. Es ist wie der Herbst, wenn die Blätter fallen, um Platz für neues Wachstum im Frühling zu schaffen. Loslassen mag schmerzhaft sein, doch es ist ein Akt des Vertrauens – in uns selbst und in die Möglichkeiten, die vor uns liegen.

Kapitel 75: Der Kreislauf des Lebens

Das Leben ist kein geradliniger Weg. Es ist ein Kreislauf aus Anfang und Ende, aus Werden und Vergehen. Diese Wahrheit wurde mir besonders bewusst, als ich mich mit Verlust und Trauer auseinandersetzen musste. Es gibt Momente, in denen wir loslassen müssen, was uns lieb und teuer ist, und doch ist genau dieses Loslassen Teil des Lebens.

Ich erinnere mich an eine Zeit, in der ich einen geliebten Menschen verlor. Der Schmerz war tief, und es fühlte sich an, als würde ein Teil von mir mit ihm gehen. Doch mit der Zeit erkannte ich, dass dieser Verlust auch eine Einladung war, das Leben mit neuen Augen zu sehen. Es lehrte mich, jeden Moment zu schätzen und die Menschen, die ich liebe, in ihrer ganzen Tiefe zu würdigen.

Der Kreislauf des Lebens erinnert uns daran, dass alles miteinander verbunden ist – das Ende ist der Anfang, und der Anfang ist das Ende.

Diese Erkenntnis gibt uns die Kraft, mit den Veränderungen des Lebens zu fließen, anstatt gegen sie anzukämpfen.

Kapitel 76: Die Kraft des Glaubens

Glaube ist eine mächtige Kraft, die uns durch die schwierigsten Zeiten tragen kann. Doch Glaube ist nicht immer mit Religion verbunden. Für mich ist Glaube die tiefe Überzeugung, dass das Leben einen Sinn hat, auch wenn wir ihn nicht immer sehen können. Es ist das Vertrauen in etwas Größeres – sei es das Universum, die Liebe oder die unendliche Möglichkeit der Veränderung.

In meinem Leben war der Glaube oft der Anker, der mich gehalten hat, wenn alles andere ins Wanken geriet. Er half mir, weiterzugehen, auch wenn ich nicht wusste, wohin der Weg führen würde. Glaube ist kein starres Konzept. Er ist lebendig und wächst mit uns. Manchmal ist er leise, fast unsichtbar, doch er ist immer da, wie ein sanftes Flüstern, das uns daran erinnert, dass wir nicht allein sind.

Ich lade dich ein, deinen eigenen Glauben zu finden – etwas, das dich trägt und inspiriert, selbst in den schwierigsten Zeiten. Denn Glaube gibt uns die Kraft, das Leben mit offenen Armen zu empfangen, selbst wenn es uns herausfordert.

Kapitel 77: Die Bedeutung der Werte

Werte sind der Kompass, der uns durch das Leben leitet. Sie sind das, was uns Orientierung gibt, besonders in Momenten der Unsicherheit. Doch oft leben wir unsere Werte nicht bewusst. Wir lassen uns von äußeren Erwartungen oder kurzfristigen Zielen leiten, anstatt auf das zu hören, was uns wirklich wichtig ist.

Ich habe gelernt, dass es entscheidend ist, meine Werte klar zu definieren und sie in meinem Alltag zu leben.

Einer meiner wichtigsten Werte ist Ehrlichkeit – mit mir selbst und mit anderen. Es ist nicht immer leicht, ehrlich zu sein, doch es schafft eine Tiefe und Authentizität, die jede Beziehung bereichert.

Ein anderer zentraler Wert für mich ist Mitgefühl. Es erinnert mich daran, dass wir alle unsere Kämpfe haben und dass ein wenig Freundlichkeit einen großen Unterschied machen kann.

Werte sind wie Leuchttürme, die uns den Weg zeigen, selbst in stürmischen Zeiten. Sie helfen uns, Entscheidungen zu treffen, die mit unserem wahren Selbst im Einklang stehen.

Kapitel 78: Die Verbindung zur Natur

Die Natur ist eine unerschöpfliche Quelle der Weisheit und Heilung. Sie lehrt uns, im Moment zu sein, die Zyklen des Lebens zu akzeptieren und unsere eigene Verbindung zur Welt zu spüren. Wann immer ich mich verloren oder überfordert fühle, finde ich Trost in der Natur.

Ich erinnere mich an einen Moment, als ich in einem Wald spazieren ging und die Stille um mich herum spürte.

Es war, als würde die Natur mich daran erinnern, dass alles seinen Platz und seine Zeit hat. Die Bäume standen still, und doch war da eine lebendige Energie, die ich spüren konnte. Dieser Moment brachte mich zurück zu mir selbst.

Die Natur zeigt uns, dass Heilung nicht erzwungen werden kann. Sie geschieht auf natürliche Weise, wenn wir uns erlauben, still zu werden und zu hören. Ich lade dich ein, die Verbindung zur Natur zu suchen – sei es durch einen Spaziergang, das Beobachten eines Sonnenuntergangs oder einfach das Spüren des Windes auf deiner Haut.

Die Natur ist immer da, bereit, uns zu heilen und uns mit ihrer Weisheit zu beschenken.

Kapitel 79: Eine Vision für die Zukunft

Wenn ich an die Zukunft denke, sehe ich keine Perfektion. Ich sehe eine Welt, die mit Herausforderungen konfrontiert ist, doch ich sehe auch Hoffnung.

Hoffnung auf Wachstum, auf Verbindung, auf Heilung. Jeder von uns hat die Möglichkeit, einen Beitrag zu leisten – sei es durch kleine Akte der Freundlichkeit oder durch große Visionen.

Meine Vision für die Zukunft ist eine Welt, in der wir unsere Menschlichkeit feiern – mit all ihren Wunden und all ihrer Schönheit. Eine Welt, in der wir uns gegenseitig unterstützen, anstatt uns zu bekämpfen. Eine Welt, in der wir den Mut haben, authentisch zu sein und unser Licht in die Welt zu tragen.

Diese Vision beginnt mit jedem Einzelnen von uns. Sie beginnt damit, dass wir uns selbst heilen, dass wir uns mit anderen verbinden und dass wir das Beste in uns und in anderen sehen. Die Zukunft ist nicht festgeschrieben. Sie ist ein leeres Blatt, das wir gemeinsam füllen können – mit Hoffnung, Mitgefühl und Liebe.

Soul-Master-Circle-Coaching

… Deine ultimative Reise zur Transformation, Selbstverwirklichung und ganzheitlichem Erfolg!

Du hast bereits mit diesem Buch und deinen bisherigen Erfahrungen großartige Fortschritte gemacht und wichtige Werkzeuge kennengelernt, um dein Energiefeld zu reinigen, dich zu schützen und dein Bewusstsein zu erweitern.

Aber vielleicht spürst du, dass es noch tiefer gehen kann.

Das Soul-Master-Circle-Coaching ist ein intensives, tiefgreifendes Programm, das speziell dafür entwickelt wurde, dich vollständig in dein authentisches Selbst zu führen, deine innere Freiheit zu entfalten und dich von allem zu befreien, was dich bisher zurück-gehalten hat.

Dieses exklusive Coaching ist nicht nur eine Unterstützung für den Alltag, sondern eine ganzheitliche Reise, die dir hilft, alte Glaubenssätze zu überwinden, sicher und souverän in allen Lebenslagen zu agieren und ein Leben voller Erfüllung, Glück und Wohlstand zu führen. Lass uns gemeinsam erkunden, was dich im Soul-Master-Circle-Coaching erwartet und welche Veränderungen es in deinem Leben bewirken kann.

1. Mit deiner Vergangenheit abschließen und alte Glaubenssätze hinter dir lassen

Die Herausforderung:

Jeder von uns trägt Glaubenssätze und Überzeugungen in sich, die in der Vergangenheit verwurzelt sind und uns oft zurückhalten. Oft sind diese Überzeugungen das Ergebnis von Prägung-en aus Kindheit, Erziehung oder vergangenen Beziehungen und wirken unbewusst auf unser heutiges Leben ein. Sie beeinflussen, wie wir uns selbst und die Welt sehen, und führen dazu, dass wir in bestimmten Bereichen immer wieder die gleichen Muster erleben, ob im Beruf, in Beziehungen oder in unserem Selbstwert.

Der Ansatz im Coaching:

Im Soul-Master-Circle-Coaching lernst du effektive Techniken zur Auflösung alter Glaubensmuster. In einem sicheren, unter-stützenden Raum wirst du Methoden anwenden, die dir helfen, tief verankerte Überzeugungen zu identifizieren, zu verstehen und dann Schritt für Schritt loszulassen. Besonders wirkungsvoll sind dabei Tools wie die Gedanken-Neuordnung, bei der du lernst, neue positive Überzeugungen in dein Leben zu integrieren, sowie innere Kind-Arbeit, die dir hilft, alte emotionale Verletzungen zu heilen und dein Selbstvertrauen aufzubauen.

Ergebnisse und Transformation:

Wenn du diese Blockaden löst, wirst du spüren, wie sich eine enorme Leichtigkeit in deinem Leben entfaltet. Beziehungen werden harmonischer, dein berufliches Potenzial wird deutlicher und deine Sicht auf dich selbst wird positiver und freier. Die Vergangenheit verliert ihren Einfluss, und du kannst dich mit Klarheit und innerem Frieden auf das Jetzt und die Zukunft fokussieren.

2. Sicher und souverän jede Situation und Krise meistern

Die Herausforderung:

Das Leben bringt immer wieder Herausforderungen und unerwartete Wendungen. Ob berufliche Unsicherheiten, finanzielle Engpässe, familiäre Spannungen oder persönliche Krisen – oft neigen wir dazu, uns in diesen Momenten von Angst, Zweifel oder Hilflosigkeit leiten zu lassen. Aber was wäre, wenn du diese Situationen mit innerer Ruhe und Selbstsicherheit angehen könntest?

Der Ansatz im Coaching:

Das Soul-Master-Circle-Coaching vermittelt dir konkrete Strategien, um deine innere Stärke zu aktivieren und in jeder Situation sicher zu agieren. Mit dem Resilienz-Training lernst du, auf deine inneren Ressourcen zuzugreifen und selbst in stressigen Situationen klar und gelassen zu bleiben. Techniken wie die Sicherheitsvisualisierung, bei der du dir vorstellst, wie eine schützende Aura dich umgibt, helfen dir, auch in Krisenmomenten zentriert und souverän zu bleiben.

Ergebnisse und Transformation:

Nach diesem Coaching wirst du Krisen und Herausforderungen nicht mehr als Bedrohungen empfinden, sondern als Gelegenheiten, um deine innere Stärke und Flexibilität unter Beweis zu stellen. Dein Umgang mit Problemen wird gelassener, deine Selbstsicherheit wächst, und du wirst die Freiheit erleben, dass dich nichts und niemand aus deinem inneren Gleichgewicht bringen kann.

3. Dein volles Potenzial erkennen und in allen Lebensbereichen entfalten

Die Herausforderung:

Viele Menschen spüren, dass in ihnen mehr Potenzial steckt, als sie tatsächlich leben. Oft sind es Ängste, Selbstzweifel oder das Gefühl, nicht gut genug zu sein, die uns zurückhalten. Das eigene Potenzial zu erkennen und mutig zu leben, erfordert oft die Bereitschaft, alte Komfortzonen zu verlassen und mutige Schritte zu gehen.

Der Ansatz im Coaching:

Im Soul-Master-Circle-Coaching wirst du eine klare Vision deines Potenzials entwickeln und Methoden kennenlernen, um dieses Potenzial in allen Lebensbereichen auszuleben. Ein zentrales Tool ist die Potenzial-Entfaltungs-Analyse, die dir hilft, deine Talente, Interessen und Stärken zu erkennen. Mit Übungen zur Zielsetzung und Umsetzung wirst du lernen, wie du deine Potenziale in konkrete Schritte und Erfolge umwandelst, sei es beruflich, privat oder spirituell.

Ergebnisse und Transformation:

Du wirst erleben, wie erfüllend es ist, dein authentisches Potenzial zu leben. Indem du dein volles Potenzial aktivierst, wird sich dein Leben neu entfalten – du wirst deine Talente selbstbewusst zeigen und neue Möglichkeiten anziehen, die zu deinem Wachstum beitragen. Deine Beziehungen, deine beruflichen Erfolge und deine persönliche Zufriedenheit werden sich positiv verändern.

4. Authentisch und ganz du selbst werden – sich auf allen Ebenen verwirklichen

Die Herausforderung:

In einer Welt voller Erwartungen und Normen ist es oft schwierig, authentisch und echt zu sein. Häufig verstecken wir Teile unserer Persönlichkeit oder passen uns an, um akzeptiert zu werden, und verlieren so den Zugang zu unserem wahren Selbst. Authentizität bedeutet, sich selbst treu zu bleiben und die eigene Wahrheit zu leben.

Der Ansatz im Coaching:

Im Soul-Master-Circle-Coaching wirst du unterstützt, dein authentisches Selbst zu finden und dieses in allen Lebensbereichen zu leben. Mithilfe der Selbst-Erforschungs-Meditation wirst du die Möglichkeit haben, tiefer in dein Inneres zu blicken und all die Aspekte zu erkennen, die dich wirklich ausmachen. Übungen zur Selbstakzeptanz und Selbstliebe helfen dir dabei, auch Schwächen anzunehmen und mit ihnen zu arbeiten, anstatt sie zu verbergen.

Ergebnisse und Transformation:

Authentisch zu sein bedeutet, dein Leben ohne Maske zu leben. Du wirst lernen, für deine Bedürfnisse einzustehen, deine Grenzen klar zu setzen und dich selbst anzunehmen. Dies führt zu einem tiefen Frieden und einer inneren Freiheit, die dich in allen Lebensbereichen stärken wird.

5. Zum Glücksmagneten werden und die passende Resonanz erschaffen

Die Herausforderung:

Negative Gedanken und Emotionen ziehen oft Situationen und Menschen an, die diese Schwingung widerspiegeln. Es ist daher entscheidend, unsere innere Schwingung auf die Energie des Glücks und der Freude auszurichten, um positive Resonanzen anzuziehen.

Der Ansatz im Coaching:

Im Soul-Master-Circle-Coaching lernst du, wie du deine innere Frequenz auf Glück und Positivität ausrichtest. Das Glücks-Resonanz-Training ist eine Methode, bei der du durch tägliche Übungen lernst, negative Schwingungen zu neutralisieren und positive Energien zu verstärken. Durch Dankbarkeitsrituale und Visualisierungstechniken wirst du Schritt für Schritt zur Quelle von Freude und Glück.

Ergebnisse und Transformation:

Wenn du diese Techniken in dein Leben integrierst, wirst du feststellen, dass sich dein Umfeld verändert. Positive Menschen und Situationen treten in dein Leben, deine Beziehungen verbessern sich, und dein allgemeines Wohlbefinden nimmt zu. Dein Leben wird zu einem Ausdruck der Freude und der positiven Resonanz, die du bewusst erschaffst.

6. Mehr Glück, Freizeit und Gelassenheit erfahren

Die Herausforderung:

In unserer hektischen Welt haben viele das Gefühl, dass ihnen Zeit und Raum fehlen, um das Leben wirklich zu genießen. Die Belastung des Alltags, das ständige „To-Do" und der Leistungsdruck lassen oft wenig Raum für Erholung und Freude.

Der Ansatz im Coaching:

Das Soul-Master-Circle-Coaching vermittelt dir Methoden, wie du bewusster mit deiner Zeit und Energie umgehst. Mit der Zeit-einteilungs-Methode, die dir zeigt, wie du Prioritäten setzen und die richtige Balance finden kannst, wirst du lernen, dir für die Dinge Zeit zu nehmen, die dir am Herzen liegen. Ergänzt wird dies durch Techniken zur Stressbewältigung, die dir helfen, in turbulenten Zeiten gelassen zu bleiben.

Ergebnisse und Transformation:

Du wirst mehr Freiheit und Leichtigkeit in deinem Alltag erleben. Die Kunst, das Leben zu genießen und Zeit für die wichtigen Dinge zu haben, wird dir Zufriedenheit und

Gelassenheit schenken. Du wirst in der Lage sein, achtsam und bewusst zu leben und jeden Moment voll auszukosten.

7. Jeden Mangel eliminieren und Fülle erleben

Die Herausforderung:

Der Mangelgedanke – sei es finanziell, emotional oder in Bezug auf Ressourcen – hält uns oft in einem Zustand der Sorge und des Selbstzweifels. Wenn du dich jedoch mit der Energie der Fülle verbindest, wirst du feststellen, dass es kein Limit für das gibt, was du erreichen kannst.

Der Ansatz im Coaching:

Im Soul-Master-Circle-Coaching wirst du lernen, Mangeldenken in Fülle-Denken umzuwandeln. Mit der Manifestations-Methode zur Fülle wirst du lernen, wie du mit Leichtigkeit Fülle in dein Leben ziehst, sei es finanziell, materiell oder emotional. Durch gezielte Visualisierungsübungen und Affirmationen wirst du dein Leben aus der Perspektive des Überflusses betrachten.

Ergebnisse und Transformation:

Du wirst die Fülle in deinem Leben willkommen heißen und dich immer in einem Zustand der Fülle befinden. Die Sorgen um Mangel oder Knappheit lösen sich auf, und du

wirst ein Leben voller Möglichkeiten und Ressourcen erleben, die dir zur Verfügung stehen.

8. Ideen und Träume verwirklichen – mit mehr Lebensqualität und Freude

Die Herausforderung:

Viele von uns haben Träume und Visionen, die wir uns
wünschen, aber oft nicht realisieren, weil uns der Mut
oder die Kraft fehlen. Träume zu verwirklichen, erfordert
Klarheit, Entschlossenheit und Vertrauen in den eigenen
Weg.

Der Ansatz im Coaching:

Im Soul-Master-Circle-Coaching wirst du lernen, wie du
klare, erreichbare Schritte festlegst, um deine Visionen
Wirklichkeit werden zu lassen. Mit der Zielsetzungs- und
Umsetzungsstrategie wirst du lernen, wie du deine Träume in konkrete Ziele um-wandelst und mit Freude darauf
zugehst.

Ergebnisse und Transformation:

Du wirst die Freude und Erfüllung erleben, die daraus
entsteht, deine Visionen Wirklichkeit werden zu lassen.
Jeder kleine Schritt wird dich deiner Lebensqualität, deinem Wohlstand und deiner Lebensfreude näherbringen

und dich in deine Kraft als Schöpfer deines Lebens führen.

Fazit:

Das Soul-Master-Circle-Coaching als Weg zur ganzheitlichen Erfüllung und Selbstverwirklichung!

Das **Soul-Master-Circle-Coaching** bietet dir einen einzigartigen Rahmen, um dein Leben auf eine neue Ebene zu heben. Von der inneren Heilung über den Aufbau deiner Authentizität bis hin zur vollständigen Verwirklichung deines Potenzials – dieses Programm unterstützt dich auf allen Ebenen. Du wirst nicht nur die Fähigkeit erlangen, deine Energie im Gleichgewicht zu halten, sondern auch ein Leben voller Freude, Fülle und Sinnhaftigkeit erschaffen.

Hier kommst du zum Soul-Master-Circle-Coaching-Programm:

„Find your Vision, find your self!"

QR-Code scannen

oder in den Browser eingeben:

https://www.mbc-lifechanger.de/soul-master-circle-coaching/

Danksagung – „Ich sag Danke"

Mit diesem Abschlusskapitel möchte ich mich bei all jenen bedanken, die mich auf dem Weg zur Entstehung dieses Buches begleitet haben. Jedes Wort, jeder Gedanke und jede Technik, die hier vermittelt wird, entstand aus einer tiefen Quelle an Inspiration, Unterstützung und Ermutigung, die ich auf diesem Weg erfahren durfte. Ohne die Menschen, die mir auf diesem Weg zur Seite standen, wäre dieses Buch nicht möglich gewesen.

Ein Buch über Transformation, spirituelle Entwicklung und energetische Heilung zu schreiben, ist selbst ein Akt der inneren Reinigung und des Bewusstwerdens. Es war eine Reise zu mir selbst und zugleich ein Blick in das Potenzial, das jeder von uns in sich trägt, wenn wir die Bereitschaft zur Veränderung und Entfaltung aufbringen. Ich bin voller Dankbarkeit für die wundervollen Menschen, Lehrer, Freunde, Familie und Klienten, die auf diesem Weg meine Inspiration, Unterstützung und treibende Kraft waren.

Danksagung an meine Leser und Klienten

Ein besonderer Dank gilt dir, lieber Leser und liebe Leserin! Es ist deine Bereitschaft, dich auf diese Reise einzulassen, die dieses Buch lebendig macht. Deine Offenheit und dein Vertrauen in diesen Prozess sind für mich der höchste Ansporn und die größte Freude. Die Rückmeldungen und tiefgehenden Erfahrungen, die ich durch meine Arbeit mit so vielen wundervollen Menschen machen durfte, haben dieses Buch geprägt und beeinflusst.

An meine Klienten:

Euer Mut, eure Offenheit und eure Hingabe, euch selbst zu erforschen und innere Hürden zu überwinden, inspiriert mich jeden Tag aufs Neue. Eure Bereitschaft, tief zu gehen, Herausforderungen anzunehmen und euch für das Beste in euch selbst zu entscheiden, ist das, was mich am meisten motiviert. Die Transformationen, die ich miterleben durfte, die leuchtenden Augen, das gestärkte Selbstbewusstsein und das erwachte Potenzial, das ich in so vielen von euch sehen durfte, sind das größte Geschenk und die tiefste Bestätigung für die Arbeit, die in dieses Buch geflossen ist.

Ohne euch und eure Geschichten, die ihr mutig geteilt habt, wäre dieses Buch nur eine Sammlung von Gedanken und Ideen. Doch durch euch wird es zu einem lebendigen Werk, das von Erfahrung, Mut und der tieferen Sehnsucht nach Sinn und Erfüllung getragen wird. Ich hoffe von Herzen, dass ihr euch in den Zeilen dieses Buches wiederfindet und die Techniken und Einsichten, die darin beschrieben sind, euch weiterhin auf eurem Weg begleiten.

Danksagung an meine Mentoren und Lehrer

Ein großer Dank gilt meinen Mentoren und Lehrern, die mir die Türen zu spirituellen und energetischen Dimensionen geöffnet haben. Diese besonderen Menschen haben mich auf meinem eigenen Weg der inneren Transformation und Bewusstseinserweiterung geführt, und sie haben mich inspiriert, meine Erfahrungen und Erkenntnisse weiterzugeben. Ohne ihre Weisheit, ihre Führung und ihr unerschütterliches Vertrauen in meine Fähigkeiten wäre ich nie an diesen Punkt gekommen.

Ich möchte jedem einzelnen Lehrer danken, der mir nicht nur Wissen vermittelt hat, sondern auch Vertrauen und Mut. Sie haben mich gelehrt, dass Transformation niemals ohne das eigene Wachstum, das eigene innere Aufwachen und den Mut zur Selbsterkenntnis geschehen kann. Sie haben mir gezeigt, dass wahre Stärke aus der Bereitschaft kommt, Verletzlichkeit zuzulassen und Altes loszulassen. Diese Lektionen und Einsichten sind essenziell und durchziehen die Seiten dieses Buches.

Ich danke euch, dass ihr mir beigebracht habt, mich meiner Intuition und meinem eigenen Weg anzuvertrauen, selbst dann, wenn er nicht immer leicht oder offensichtlich war. Eure Geduld und euer Verständnis für die Reise eines jeden einzelnen Menschen haben mir geholfen, die Geduld und das Mitgefühl zu entwickeln, dass auch dieses Buch prägt. Ihr habt mir gezeigt, dass der Weg des inneren Wachstums nie linear ist, sondern sich in Kreisen und Spiralen bewegt, oft unvorhersehbar und doch immer in die richtige Richtung.

Danksagung an meine Familie

An meine liebe Frau Bärbel, meinen lieben Sohn Samuel und meine Familie, die mich seit dem Beginn meines Weges unterstützt und begleitet hat: Eure Liebe, Geduld und euer Verständnis haben mich stets getragen und mir die Kraft gegeben, das zu tun, was ich liebe. Ihr habt mir gezeigt, dass Familie mehr ist als eine Verbindung durch Blut – sie ist ein Raum des Vertrauens, der bedingungslosen Unterstützung und der tiefsten Verbundenheit. Eure Geduld und Offenheit haben es mir ermöglicht, mich immer wieder neu zu entdecken und mein wahres Selbst zu leben, ohne Angst vor Urteil oder Ablehnung.

Mein Weg in die spirituelle Arbeit und energetische Heilung war nicht immer leicht, zwar einfach, aber nicht unbedingt leicht gefühlt, und manchmal hat er Fragen oder Herausforderungen auf-geworfen, die uns alle überrascht haben. Doch eure Bereitschaft, mich zu verstehen und meine Entwicklung zu akzeptieren, hat mir den Mut gegeben, diesen Weg mit ganzer Hingabe zu gehen. Ich danke euch für euer Vertrauen und eure Geduld, für die Unterstützung, die ihr mir auf jedem Schritt entgegengebracht habt, und für die Freiheit, die ihr mir gelassen habt, meinen eigenen Weg zu finden.

Danksagung an meine Freunde und Weggefährten

Mein lieber Freund Kurt Tepperwein verdient einen ganz besonderen Dank, denn er hat mich in all den Höhen und Tiefen begleitet, die diese Reise mit sich brachte. Er ist derjenige, der mich ermutigt hat, weiterzugehen, selbst wenn die Herausforderungen groß und die Zweifel laut waren. Deine Freundschaft und Dein Glaube, haben mir immer wieder die Kraft gegeben, auch die schwierigsten Phasen zu überstehen und das Beste aus mir hervorzubringen.

Dank auch an Bekannte und Menschen, die mich umgeben haben und umgeben, die mich immer wieder daran erinnert haben, wer ich wirklich bin, auch wenn ich es selbst einmal vergessen habe: Eure Unterstützung und euer Mitgefühl, wenn auch oft in aller Stille vollzogen, sind ein fester Bestandteil meines Lebens. Ihr habt mir den Raum gegeben, über Ideen zu sprechen, neue Konzepte zu erforschen und auf eure ehrliche und liebevolle Art mein Denken zu erweitern. Ohne eure Impulse, gespiegelte Ermutigung und euer Verständnis wäre dieses Buch nicht das, was es ist.

Ich danke euch, dass ihr mir das Gefühl gegeben habt, nicht allein zu sein, dass ihr mich inspiriert und an mich geglaubt habt, auch wenn ich manchmal gezweifelt habe. Ihr habt mich immer wieder dazu ermutigt, authentisch zu sein und meine Wahrheit zu leben, und dafür bin ich unendlich dankbar. Ihr seid die Quelle, aus der ich schöpfe, und die Freude, die mich immer wieder antreibt, neue Wege zu gehen und neue Möglichkeiten zu erkunden.

Danke an die Kraft der spirituellen Quelle und das Leben selbst

Abschließend möchte ich der unerschöpflichen Kraft der spirituellen Quelle danken – jenem unbeschreiblichen, allumfassenden Bewusstsein, das uns alle miteinander verbindet und das uns auf jeder Ebene unseres Seins durchdringt. Die spirituelle Quelle ist die Basis aller Energie, aller Liebe und aller Erkenntnis, die ich auf meinem Weg erfahren habe. Sie ist die Kraft, die mich geleitet und unterstützt hat und die mich in Zeiten der Zweifel und Unsicherheit immer wieder in die Gewissheit zurückgeführt hat.

Das Leben selbst ist der größte Lehrer, der uns ständig Möglichkeiten zur Entwicklung und Entfaltung bietet. Dieses Buch ist ein Ergebnis vieler Lektionen, die ich auf meinem Weg lernen durfte, und ein Ausdruck des tiefen Vertrauens, das ich in das Leben und seinen Plan entwickelt habe. Jedes Hindernis, jede Herausforderung und jede Freude haben mich geformt und mir geholfen, das zu werden, was ich heute bin. Ich bin dankbar für das Geschenk des Lebens und die Möglichkeit, es mit all seinen Facetten zu erleben und daraus zu lernen.

Dieses Buch ist ein Teil-Zeugnis meiner Reise, meiner Erkenntnisse und meiner Hingabe an das, was mich ruft, und es ist mein tiefster Wunsch, dass es auch für dich, lieber Leser, eine Quelle der Inspiration und des Lichts sein möge.

Danksagung an dich!

Und damit noch einmal DANKE an dich, der du nun diese Zeilen liest und diesen Weg mit mir gegangen bist: Danke für deine Offenheit, für dein Vertrauen und für deine Bereitschaft, dir selbst zu begegnen. Dieses Buch ist für dich geschrieben, um dich zu ermutigen, dein wahres Selbst zu entdecken und die Kraft und das Potenzial zu erkennen, die tief in dir liegen.

Es ist mein Wunsch, dass die Seiten dieses Buches dir helfen, dein Leben bewusst zu gestalten, alte Muster loszulassen und dein wahres Potenzial zu leben. Jeder von uns ist einzigartig, und jeder von uns trägt eine einzigartige Gabe in sich, die es zu entdecken und auszudrücken gilt. Dieses Buch ist mein Beitrag dazu, dir auf dieser Reise Unterstützung und Inspiration zu bieten.

Du bist die Seele, die diesem Buch Leben einhaucht, und du bist der Grund, weshalb ich mich dieser Arbeit widme. Deine Bereitschaft, dich auf diese Reise einzulassen, berührt mich zutiefst und ist für mich der größte Lohn.

In tiefer Dankbarkeit, Liebe und Wertschätzung verabschiede ich mich und wünsche dir, dass du deinen Weg mit Mut, Freude und einem offenen Herzen gehst. Möge dein Leben reich sein an Erkenntnissen, Liebe und tiefem inneren Frieden.

Von Herzen,

alles Liebe!

Namaste

Dein

Chris Hohlstamm von Dehnen

Empfohlene Ressourcen

Bücher sind wertvolle Quellen der Inspiration und Anleitung. Hier sind vier Empfehlungen, die dir helfen können, deine finanzielle und persönliche Fülle weiter auszubauen:

Erfolg ist d/eine Entscheidung

Autor: Chris Hohlstamm von Dehnen

Dieses Buch zeigt dir, wie deine Entscheidungen dein Leben formen. Es bietet klare Strategien, um bewusst die richtigen Entscheidungen zu treffen, und verbindet diese mit inspirierenden Geschichten aus dem echten Leben.

Hauptthemen:

- Wie du die Kraft deiner Entscheidungen nutzt, um Erfolg zu manifestieren.

- Praktische Techniken für mehr Klarheit und Zielstrebigkeit.

- Wege, um mentale Stärke zu entwickeln und Blockaden zu überwinden.

Link: https://www.lebensfreudeverlag.de/p/neu-erfolg-ist-d-eine-entscheidung-chris-hohlstamm-von-dehnen

„Wie Sie spielend Ihr Traumleben verwirklichen, und innerlich & äußerlich reich werden!"

Autor: Chris Hohlstamm von Dehnen

Dieses Buch ist ein umfassender Leitfaden, um dein Leben nicht nur zu träumen, sondern aktiv zu gestalten. Es verbindet persönliche Entwicklung mit finanziellen Strategien und zeigt, wie du innere und äußere Reichtümer in Einklang bringst.

Hauptthemen:

- Wie du deine Gedanken bewusst auf Erfolg und Wohlstand ausrichtest.

- Methoden, um innere Blockaden zu lösen und deine Ziele zu erreichen.

- Praktische Tipps, um finanzielle und persönliche Fülle zu erschaffen.

Link: https://www.lebensfreudeverlag.de/p/neu-wie-sie-spielend-ihr-traumleben-verwirklichen-und-innerlich-und-aeusserlich-reich-werden

„Die 25 GOLDENEN GLÜCKSREGELN für ein Leben in Wohlstand, Reichtum und Harmonie!"

Autor: Chris Hohlstamm von Dehnen

Dieses Buch bietet dir 25 universelle Prinzipien, um ein Leben in Balance und Fülle zu führen. Es zeigt, wie du mit kleinen, aber wirkungsvollen Veränderungen großen Einfluss auf dein Glück und deinen Wohlstand nehmen kannst.

Hauptthemen:

- Die Grundlagen von Harmonie und Wohlstand im Alltag.
- Praktische Regeln für ein glückliches und erfülltes Leben.
- Inspiration, um persönliche und finanzielle Blockaden zu lösen.

Link: https://www.lebensfreudeverlag.de/p/die-25-goldenen-gluecksregeln-fuer-ein-leben-in-wohlstand-reichtum-und-harmonie

„Sie sind ein Glückspilz – Der Ratgeber für eine grandios glückliche Lebenszeit!"

Autor: Chris Hohlstamm von Dehnen

Dieses Buch inspiriert dich, das Glück in deinem Leben zu erkennen und aktiv zu gestalten. Es verbindet Geschichten, Übungen und praktische Tipps, um eine positive Lebenshaltung zu entwickeln.

Hauptthemen:

- Wie du Glück als ständigen Begleiter in dein Leben einlädst.

- Techniken, um Herausforderungen mit Freude und Zuversicht zu begegnen.

- Wege, um ein erfülltes und harmonisches Leben zu führen.

Link: https://www.lebensfreudeverlag.de/p/sie-sind-ein-glueckspilz-der-ratgeber-fuer-eine-grandios-glueckliche-lebenszeit

Authentik-Life- & Business-Akademie

Akademie für sinnerfüllte Lebensgestaltung

Home: https://www.akademie-fsl.de/

Kontakt: info@akademie-fsl.de

Mein Lebensfreudeverlag

Home: https://www.lebensfreudeverlag.de/

Kontakt: info@lebensfreudeverlag.de